文學叢刊

陳福成編著

黃埔人的春秋大業

——北京《黃埔》雜誌展鴻圖

文史哲出版社印行

國家圖書館出版品預行編目資料

黃埔人的春秋大業：北京《黃埔》雜誌展鴻圖
/ 陳福成編著. -- 初版. -- 臺北市：文史哲出版社, 民 113.03
頁： 公分.（文學叢刊；480）
ISBN 978-986-314-667-4 (平裝)

1.CST：黃埔軍校 2.CST：歷史

596.71 113002695

文學叢刊 480

黃埔人的春秋大業

北京《黃埔》雜誌展鴻圖

編著者：陳福成
出版者：文史哲出版社
http://www.lapen.com.tw
登記證字號：行政院新聞局版臺業字五三三七號
發行人：彭正雄
發行所：文史哲出版社
印刷者：文史哲出版社
臺北市羅斯福路一段七十二巷四號
郵政劃撥帳號：一六一八〇一七五
電話886-2-23511028 · 傳真886-2-23965656
實價新臺幣三二〇元
二〇二四年（一一三年）三月初版

ISBN 978-986-314-667-4 10480

1　黃埔雜誌

黃埔
2022.4
慷慨赴國難　血肉築長城
——東北抗聯中的黃埔師生

黃埔
2022.3
衛國禦侮戰淞滬
——紀念一·二八淞滬抗戰 90 週年

黃埔
2023.1
黃埔後代風采
山東篇

黃埔
2022.5
彭明治將軍的抗日之旅
睡獅怒吼震寰宇
九州同慨斬閻羅
——紀念全民族抗戰爆發85週年

HUANGPU
黃埔
2023.3
烽煙迭起戰長江之畔
氣壯山河守鄂西要塞
——紀念鄂西會戰80週年

HUANGPU
黃埔
2023.2
曾經滄海橫流渡
回首皆是動人歌
——四川黃埔同學風采

HUANGPU
黃埔
2023.5
貫徹總體方略　發揮黃埔優勢
促進祖國統一
——第十六屆黃埔論壇特輯

HUANGPU
黃埔
2023.4
援鄰跨境打豺狼
英雄蓋世國威揚
——紀念抗美援朝戰爭勝利70週年

序　黃埔故事永垂不朽

我初中畢業，才十五歲，懵懵懂懂，可以說什麼都不知道，以為世界就是「台中縣新社鄉中興嶺」這麼大。除了「中興嶺」，再無別的世界，更無別的地方。

這時，眷村的孩子都去讀軍校了，我也被老爸推著，民國五十七年（一九六八年），就成了陸軍官校預備班十三期的一員，三年後（一九七一年）成為陸官44期，於一九七五年畢業。

「一入黃埔門、終生黃埔人」，這個理念我很晚才理解，經過很長時間的「迷航」、反省、體認，從野戰部隊到台灣大學，才「回歸」到正途。中年以後，才真正覺得「一入黃埔門、終生黃埔人」，而且在梳理過許多抗戰時期黃埔人的事跡，才覺得黃埔前輩的偉大，黃埔故事永垂不朽，可以成為中國每一世代愛國主義的教材。

從「迷航」到「回歸」，回歸之後，我感受到身為「黃埔人」，要好好去理解黃埔人的歷史。多年來我針對黃埔歷史（含自己）的記錄、摘要、整理或闡揚，出版了以下七本書：

《迷航記：黃埔情暨陸官44期一些閒話》（台北：文史哲出版社，二〇一三年五月）。

《我讀北京《黃埔》雜誌的筆記：為兩岸黃埔人建一座小橋》（台北：文史哲出版社，二〇一八年十月）。

《陸官44期福心會暨一段黃埔情緣記事》（台北：文史哲出版社，二〇二三年五月）。

《廣州黃埔到鳳山黃埔：44期畢業50週年暨黃埔建校建軍百年》（台北：文史哲出版社，二〇二三年八月）。

《在北京《黃埔》雜誌反思》（台北：文史哲出版社，二〇二四年元月出版）。

《在北京《黃埔》雜誌回顧》（台北：文史哲出版社，二〇二四年元月出版）。

《黃埔人的春秋大業：北京《黃埔》雜誌展鴻圖》（台北：文史哲出版社，

二〇二四年三月出版）。

以上是直接以黃埔人為主述，到二〇二四年為止所出版的七本書。其他間接有記述者，恐有十餘本之多。黃埔人的千秋大業，就是中華民族的千秋大業，是促成現代中國繁榮、強盛和統一的精神動能，黃埔故事永垂不朽。

順帶一述，筆者所有著、編、譯作品（如書末目錄），都放棄個人所有權，贈為中華民族之文化公共財。凡在中國地區（含台灣）內，各出版單位均可自由印行，廣為流傳，嘉惠每一代炎黃子孫，是吾至願。

台北公館蟾蜍山　萬盛草堂黃埔人　**陳福成**　誌於

佛曆二五六七年　公元二〇二四年春

黃埔人的春秋大業

北京《黃埔》雜誌展鴻圖

目次

第一章 爲中華民族生存而戰

壹、北京《黃埔》雜誌二〇二二年第三期文章主題

紀念「一二八」淞滬抗戰90週年

李 攀，〈一二八淞滬抗戰中中國軍隊團級以上的黃埔師生〉

沈 堅，〈一二八淞滬抗戰中的戴戟〉

李 攀，〈為民族生存而戰：張治中與一二八淞滬抗戰〉

宋希濂，〈我參加一二八淞滬抗戰的回憶〉

張人鳳，〈一二八淞滬抗戰中的商務印書館和東方圖書館〉

兩岸時評、軍事天地與情繫黃埔

人物春秋、追尋黃埔人足跡

黃埔歷史研究與收藏

楊守禮、黃勝利，〈中央傷兵管理處的組織管理系統〉（上）

單補生，〈我珍藏的中央軍校《地形學教程釋要》〉

賈曉明，〈一九二六年四月十九日，黃埔軍校任命入伍生部部長方鼎英兼代本校教育長〉

熊子傑，〈你不知道的台灣：兩岸應知道的台灣歷史故事〉（七）

貳、「一二八」淞滬抗戰中團級以上的黃埔師生

李攀的〈一二八淞滬抗戰中中國軍隊團級以上的黃埔師生〉一文，以往從未見過這樣的統計，所以史料珍貴，雖然是不完全統計。還有更多營連級的黃埔師生，可能需要更多歷史學家投入，才能找出更多的黃埔英烈，今僅照錄團級以上。

張治中：黃埔軍校教官，安徽巢縣人，第5軍軍長兼87師師長。

俞濟時：黃埔1期畢業，浙江奉化人，88師師長。

王敬久：黃埔1期畢業，江蘇豐縣人，87師副師長。

李延年：黃埔1期畢業，山東廣饒人，88師副師長。

宣鐵吾：黃埔1期畢業，浙江諸暨人，88師司令部參謀長。

蕭冀勉：黃埔1期畢業，廣東興寧人，88師二六二旅司令部參謀主任。

鍾　彬（斌）：黃埔1期畢業，廣東興寧人，87師二五九旅司令部參謀主任。

楊步飛：黃埔1期畢業，浙江諸暨人，88師二六二旅旅長。

宋希濂：黃埔1期畢業，湖南湘鄉人，87師二六一旅旅長。

孫元良：黃埔1期畢業，浙江紹興人，87師二五九旅旅長。

伍誠仁：黃埔1期畢業，福建浦城人，87師獨立旅旅長。

劉保定：黃埔1期畢業，湖南新化人，87師二六一旅副旅長。

李　杲：黃埔1期畢業，四川安岳人，87師二五九旅副旅長。

傅正模：黃埔1期畢業，湖南醴陵人，87師獨立旅2團團長。

黃梅興：黃埔1期畢業，廣東平遠人，88師二六四旅五二八團團長。

馮聖法：黃埔1期畢業，浙江諸暨人，88師二六二旅五二三團團長。

石祖德：黃埔1期畢業，浙江諸暨人，87師二五九旅五一八團團長。

張世希：黃埔1期畢業，安徽桐城人，87師二五九旅五一七團團長。

張君嵩：黃埔1期畢業，廣西合浦人，78師一五六旅六團團長。

何凌霄：黃埔2期畢業，浙江諸暨人，88師二六二旅五二四團團長。

沈發藻：黃埔2期畢業，江西大庾人，87師二六一旅五二二團團長。

劉安祺：黃埔3期畢業，山東棗莊人，87師二六一旅五二一團團長。

施覺民：黃埔3期畢業，浙江武義人，88師二六四旅五二七團團長。

鍾經瑞：黃埔高級班畢業，廣西合浦人，78師一五六旅四團團長。

以上大多是黃埔1期生，2、3期少數。「一二八」淞滬抗戰是一九三二年元月廿八到三月三日，此時黃埔7期生已畢業，營連基層幹部，大約就是4到7期生，他們的陣亡率最高，絕大多數都成了無名英雄。一將功成萬骨枯，古今皆如是。

參、為民族生存而戰：張治中與一二八淞滬抗戰

張治中（一八九〇—一九六九）

原籍：安徽巢縣

保定軍校3期步科

黃埔軍校3期入伍生總隊代理總隊長

一九三二年元月廿八日深夜，已入侵在滬的小日本鬼子軍，向上海19路軍發起猛攻，以蔣光鼐為總指揮、蔡廷鍇為軍長的19路軍回擊，一二八淞滬抗日戰幕拉開。

此時，蔣公和張治中都擔心又心急，因為19路軍單獨在滬作戰，孤軍絕不能持久。二月初，蔣公即命張治中為第5軍軍長兼87師師長，儘快增援，受命出發前夜，張治中寫下遺書：「正是國家民族存亡之秋，治中身為軍人，理應身赴疆場荷奮戰，保衛我神聖領土，但求馬革裹屍，不願忍辱偷生，如不幸犧牲，望能以熱血頭顱喚起全民抗戰，前赴後繼，堅持戰鬥，抗擊強權，衛我國土……

二月十六日上午九時，張治中從南京和平門登車出發，當日到達南翔，即奉蔣光鼐命令，接替19路軍防務。十七日，張治中進駐劉行鎮，命蔡廷鍇為右翼指揮官，發佈〈告全軍將士書〉，指出：「打倒日本帝國主義，這是我們全國一致的呼聲，一致的要求，一致的決心。現在，行動已代替了口號，實力已代替了空言，我們的存亡，將述之於極猛烈的戰鬥。」「治中個人，誓與我軍將士共患難，同生死。深望我全軍將士，人人抱必死之心，以救國家，以救民族。假如日軍猶有一兵一卒留在我國內，我們的責任即未完成；反之，我們如尚有一兵一卒，必與日軍拼命到底。」

二月廿日拂曉起，日軍向第五軍發起陸海空大進攻，張治中、孫元良、宋希濂、俞濟時、蔣光鼐、張炎等各級指揮官，率部與日軍血戰近三天三夜。是役，第五軍傷亡一千多人，其中包含88師二六二旅旅長錢倫體、副旅長陳普民，而日軍一個混成旅團被我軍殲滅殆盡。

日軍戰場失利，乃大舉增兵，上海日軍總數達到九萬人。而當時19路軍和第5軍總兵力不足五萬。三月一日，日軍再度向我軍發起攻擊，又惡戰了三天三夜，直到四日下午國軍增援趕到，才阻止了日軍攻勢。五月五日，《淞滬停戰協定》簽訂，一二八淞滬抗戰，是九一八事變以來，給日軍最沉重的打擊，抗日戰史寫下光輝的一頁，也付出傷亡萬餘人的代價。

一九三二年五月廿八日，在蘇州舉行追悼淞滬抗戰陣亡將士大會，張治中含淚致祭詞：「……嗚呼將士！上有父母，下有妻子，泉臺永隔，愴懷何已！我與君等，如兄如弟，仰事俯蓄，責在後死。嗚呼將士，從此長眠，此仇未報，衷腸若煎。誓將北指，長驅出關，收我疆土，掃蕩凶殘。執彼渠魁，檻車係還，一樽清酒，再告重泉。嗚呼將士，得其死矣！……」

情詞並茂，哀婉動人，既寄託了他對血灑疆場戰友的深切緬懷之情，更展示了他作為一個軍人，誓死捍衛國家尊嚴的不屈之志，愛國之情。

後來張治中在寫回憶錄時，對當年出戰前夜寫下遺書一事，寫道：「我知道，一個革命軍人首先要具有犧牲精神，而犧牲精神又必須首先從高級將領做起。」我想，這就是我們中國幾千年來的民族精神，也就是黃埔精神，由於這種精神的存在，我們的民族英雄代代有之，才使中華民族頂立地球五千年。

筆者自一九六八年（民57）入鳳山軍校預備班十三期，到一九七五年（民64）正四十四期畢業，所受教育就是這種黃埔精神教育。強調革命軍人就是要死在戰場，才是無尚的光榮，不能死在醫院或家的床上。惟筆者確實也當了一輩子革命軍人，只可惜沒有機會死在戰場，我曾經也是那樣自我期許！

肆、有北宋大將狄青之風的民族英雄戴安瀾

戴安瀾（一九〇四—一九四二）

原籍：安徽無為

黃埔三期

參加戰役：北伐、長城戰役、台兒莊大捷、武漢會戰、崑崙關大捷、同古保衛戰。

被譽：有北宋大將狄青之風的民族英雄

在鳳山的陸軍官校內有十棟宿舍，以十個大人物之名為樓名，分別是：之奇樓（紀念戴之奇、黃埔4期）、安瀾樓（紀念戴安瀾、3期）、綏春樓（紀念熊綏春、3期）、麟書樓（紀念劉麟書、1期）、靈甫樓（紀念張靈甫、4期）、仁傑樓（紀念蔡仁傑、5期）、長青樓（紀念胡長青、4期）、清泉樓（紀念邱清泉、2期）、雨農樓（紀念戴雨農、6期）、百韜樓（紀念黃百韜、陸軍大學）。

北京《黃埔》雜誌二〇二二年第三期，駱凡在〈黃埔英魂名揚域外：寫在中

國遠征軍入緬作戰80週年〉一文，主要講的就是戴安瀾將軍的人生最後一戰，本章擇其精要簡介。

戴安瀾，原名戴炳陽，字衍功，入黃埔軍校前，為表達「鎮狂飆於原野、挽巨瀾於既倒」的凌雲壯志，像海鷗一樣搏擊大海的勇氣，正式改名安瀾，自號海鷗。他被譽有北宋狄青之風的民族英雄。

一九三九年元月五日，三十五歲的戴安瀾接替杜聿明任第二〇〇師少將師長。崑崙關戰役中，二〇〇師擊斃日軍旅團長中村正雄少將，戴安瀾被譽北宋年間夜襲崑崙關的大將狄青之風，為「當代標準青年將領」。

一九四一年十二月廿三日，中英簽訂《共同防禦滇緬路協定》。次年初，第一批中國遠征軍三個軍九個師，共約十萬兵力緊急入緬作戰，戴安瀾統領的第5軍二〇〇師於一九四一年春，先駐於黔之腹地安順待命。安順駐紮一年後，二〇〇師作為第5軍先頭部隊入緬甸。

一九四二年春，日軍正在攻打仰光，若仰光失守，下一站必是同古（同古又叫東瓜、東籲，是緬甸中部鐵公路和水路樞紐，是戰略要地）。而原駐守同古的英緬第1師，聞日軍打來，竟突然撤退，二〇〇師倉促接防同古，面對四倍於己的日軍，二〇〇師陷入苦戰。

一九四二年三月十九日，同古保衛戰開打，日軍展開猛烈攻勢。戰前戴安瀾已宣布：「本師長立遺囑在先，如果師長戰死，以副師長代之，副師長戰死，參謀長代之，團長戰死，營長代之……以此類推，各級皆然。」

面對四倍於己的日軍強攻，戴安瀾採取「百米決戰術」，令官兵放敵人進到五十米距離，突然跳出戰壕集中投出手榴彈後，馬上進行白刃戰，打退日寇二十多次衝鋒，為我軍在平滿納布防爭取了時間，也完成掩護英軍撤退。此戰二〇〇師犧牲八百多官兵，殲滅了小日本鬼子軍五千多人。三月二十九日，二〇〇師奉命撤退出同古。

一九四二年五月初，中英盟軍全面潰敗。遠征軍司令長官部和第5軍主力，於五月十日退往緬北野人山區，受到了日軍阻擊。後二〇〇師與軍部失去聯繫，在緬甸中部山區受到日軍伏擊，激戰中戴安瀾身負重傷，遺恨而逝。這時是五月廿六日傍晚，二〇〇師傷亡慘重。毛澤東寫下一首輓詩：

外侮需人禦，將軍賦采薇。

師稱機械化，勇奪虎羆威。
浴血東瓜守，驅倭棠吉歸。
沙場竟殞命，鬥志也無違。

「驅倭棠吉歸」，是指一九四二年四月廿五日，二〇〇師阻擊日軍第56師團抄襲我軍東路，收復緬甸棠吉之戰。此戰二〇〇師斃傷日軍數百人，戴安瀾兩名貼身衛士一死一傷，可見戰況之激烈。

戴安瀾遺骨回到騰衝，百姓萬人空巷迎接，縣長張問德率二十萬父老鄉親沿街跪迎靈車。從昆明到貴陽，到廣西全州，沿途百姓自發性路祭哀悼。一九四三年秋，戴安瀾靈柩由廣西全州遷葬安徽蕪湖小赭山故里。

二〇一七年，南京舉行紀念戴安瀾將軍殉國75週年活動。二〇二二年，民族抗戰爆發85週年，黃埔5期生蕭克在紀念會上，稱「海鷗將軍為民族英雄」。我很感慨，在台獨偽政權治理下的這小島，沒有人理會這些先烈的往事，大漢奸李老蕃癲、大妖女蔡英文等人，已將島上新生代「漢奸化」。所以，大陸要拿出辦法，盡快統一，否則這島上人類就快退化成「類人」了！

伍、陳宇〈黃埔4期生黃應龍的長征路〉

黃應龍（本名王紹之）（一九〇六－一九三五）
原籍：湖北黃梅
黃埔4期步科

這位「年輕的老大哥」，死的時候才29歲，當然是被國民黨槍斃的，在那「中國人相互屠殺的年代」，這樣死的人不計其數。而且雙方都認為己方是大義，是壯烈成仁，例如在台北馬場町被槍斃的吳石，在台灣是叛徒、匪諜，在大陸則是壯烈成仁、是大義是英雄。

筆者有一個看法，這些「歷史問題」不解決，現在的問題（統一）也很難解決。如何解決這些歷史問題？最好的辦法是兩岸都把這類案子全部平反，透過一個法律程序平反，現在的問題就比較好處理。

也許有人認為，這些案子都已經過了幾十年，何必再去翻！大錯，歷史上有些平反的案子都是幾十年乃至百年才做。美國西點軍校幾年前，曾為一個百多年前的黑人學生平反。正義，如果不能早到，晚到也能接受，畢竟正義終於是到了。

黃應龍，本名王紹之，字德生，名臨川。一九〇六年二月十七日（農曆正月廿四日），出生在湖北省黃梅縣柳林鄉王敬灣，一個極反動的地主家庭。他的私塾老師李芳是黃梅最早的共產黨員，後又受惲代英鼓舞，一九二五年就加入中國共產黨。

一九二六年二月，經黨組織推薦，考入黃埔4期步科，畢業後參加北伐，一九二七年初升任營長。後受黨的派遣，回家鄉黃梅策動革命工作，提出「不信鬼、不信神、信的是革命」，領導群眾打破祠堂，「三殺四抗」（殺惡霸、殺反動、殺土豪，抗租、抗稅、抗糧、抗丁）。正當黃梅革命高潮起，黃梅的區委書記商味書被國民黨捕獲，當然也是死路一條，一九二八年四月被槍決，臨刑前作一首詩以明志：

茅廬燒毀成荒丘，此去飄然作鶴遊。
少妻廿年難耐冷，孤兒一歲不知愁。
貧寒總算無雙我，氣節堪嗟少別儔。

待到明年秋社日，定來荒冢淚頻流。

此事對黃應龍影響很大，他更加決心堅定的和反動家庭徹底決裂。同年冬，他步商味書遺詩原韻和詩一首，以寄託哀思，同時表明自己堅定的革命意志：

社會踐踏遍荒丘，近是豺狼與日遊。
志士有心去創業，精神無畏卻無愁。
燦爛主張終不讓，鮮明赤血信同儔。
兔死狐悲唯爾最，傷心誰不淚頻流。

這是黃應龍的兒子王克忠，保存父親唯一的一首詩。一九二九年七月，黃應龍任陽（新）大（冶）手槍游擊大隊副隊長。即在此時，他和自己的封建反動家庭脫離關係，將本名王紹之改成黃應龍。（但他兒子仍叫王克忠，是否表示後來有悔？不得而知。）

他後來為共產黨做了不少大事業，他是紅軍長征中由中共中央、中革軍委唯一正式任命的紅軍游擊隊總司令。一九三五年被國民黨抓獲，八月被槍決（就義）。一九八三年七月三十日，湖北省黃梅縣人民政府批准黃應龍（王紹之）為革命烈士。

陸、被解放軍抓獲判死緩的黃埔老大哥袁開宗

袁開宗（一九一九－）

原籍：四川會理

黃埔18期輜重科

袁開宗，一九一九年十一月，出生在會理金沙江畔黎溪鎮綠水鄉。（會理，四川省涼山彝族自治州所轄的縣級市）一九三八年就讀西昌師範時，某日晚會聽體育老師汪一琴唱〈黃埔校歌〉，讓他有了考軍校的想法。

回家跟媽媽說要參軍報國，老媽緊急把本村楊家千金楊鳳如迎進門，突擊完婚，為留住兒子。袁開宗還是決心要考軍校，他從會理、西昌到成都，徒步走了

二十五天，到校時17期已招考完畢，18期要半年後招生。情急下他直接上書軍校教育長陳繼承，得到批准，可以到入伍生團第4營參加隨營補習。

一九四〇年十二月，他順利成為黃埔18期輜重科，編在第2總隊。一九四三年秋，因遠征軍急需連排級幹部，十月校長蔣公手令「18期2總隊學生提前畢業」。十月八日畢業典禮後，有的同學就空運到印度蘭姆伽的中國遠征軍基地，有的直奔滇緬戰場。

袁開宗被分發到雲南保山的第2軍76師，任師部參謀，負責與在楚雄的軍部聯繫。一九四四年五月，他奉命從保山到楚雄接收任務，半途遭兩架日機掃射，幸好只是車毀人受傷（食指斷），軍部派人搜索獲救。

傷癒後，他仍堅持要上前線，被前來開會的軍校教育長萬耀煌調回成都本校，擔任20期少校教官兼區隊長，接著當23期學生區隊長、教官。一九四九年冬，解放軍已進到大西南，軍校奉命遷雲南大理待命，校長張耀明即組「遷校先遣隊」，下分三小組，袁開宗是第一小組組長，負責道路偵察和聯絡。

當先遣隊到西昌時，袁開宗才知道成都軍校官生已經起義了。而當時，顧介候的一二四軍駐守會理，袁開宗是會理人，顧介候指名要袁開宗到會理去。一二四軍主要阻止解放軍北渡金沙江。但顯然一切都來不及了，不久解放軍渡江，進攻會理、西昌。

一九五〇年三月廿二日，顧介侯令退守鳳山營，不久又被解放軍包圍，袁開宗在亂中從鳳山營羅家村逃了出來，東躲西藏。八月逃到昆明被解放軍抓獲，被判死緩，入獄服刑，經三次減刑，一九七一年刑滿釋放。

晚年的袁開宗得到社會各界的關心、資助，他又喚醒了黃埔人的本色，他開始寫回憶錄，留住那些黃埔人的故事。他寫了一首〈黃埔校慶〉頌歌：

兩岸黃埔兄弟親，愛國革命一條心。
齊心合力促統一，振興中華獻餘生。
黃埔軍校鑄群英，黃埔學生肩重任。
黃埔情誼深似海，黃埔老兵詩校慶。

此外他還編著了《再生錄》、《正氣文摘》、《關愛抗戰老兵》、《抗戰老兵詩詞》、《黃埔軍校建校92週年》、《黃埔老兵獻詩刊》等多本文集。二〇二二年時，已一百零三歲的袁開宗，正在編《抗戰文摘》和《百歲文摘》，他說要留點東西給後人。

柒、新時代黃埔人，孫立新〈百歲黃埔壽星韓杰茜〉

韓杰茜（一九二二—）

原籍：河北豐潤

黃埔21期

孫立新這篇文章，沒有提到韓杰茜生年，只說到二〇二二年是百歲，按此推韓老出生在一九二二年。文章主要在這新時代裡，講韓老怎樣過著充實的生活，這也是黃埔人的另一種精彩，黃埔人不論在何時，面對何種環境，都是積極的，向前看行的！

韓杰茜，一九二二年（推述）出生河北省豐潤縣。一九四三年冬，他抱著參軍報國的志向，從家鄉到陝西，一九四四年春，順利考入黃埔七分校（西安王曲），一九四七年畢業，是黃埔21期。

在軍隊任職不久，他便脫離了軍隊，到重慶的工廠當學徒謀生，後考入一所專科學校，一九五五年回到家鄉唐山當代課老師，也當過泥瓦工，直到一九八四年五月從鐵鑄廠退休。

韓杰茜從小愛好體育，喜歡武術，更特長籃球、足球，在軍校期間，他曾是校籃球隊隊長。退休後，他每天清早就背著寶劍，在公園舞劍、練拳、打太極，動作如行雲流水。他獲頒「唐山市健康壽星」「和諧社區文明之星健康之星」。

韓杰茜也善於學習，每天看書、看報，看電視〈新聞聯播〉和〈海峽兩岸〉。同時作筆記、寫心得，例如〈學習《反分裂國家法》有感〉、〈對台方針政策的新理解〉、〈看閱兵式有感〉等，他的文章也曾得到過河北省級的徵文二等獎。

他的老年生活除了每天運動、讀書、筆耕，他也是一個畫家，是唐山市老年書畫協會會員。他的書畫作品入選《中華老年書畫家作品精選》、《新中國成立60革誕黃埔軍校同學會書畫作品集》、《紀念辛亥革命百年書畫作品集》等。

黃埔人的人生觀、世界觀始終是積極、正向的。從未聞黃埔人有因私事（感情、事業失敗等），而跳樓、跳海自殺的，只有在戰場上壯烈殉國。現在海峽兩岸仍有許多老年黃埔人（含筆者也是），我們面對一個新時代，中華民族正在偉大復興，中國夢將要實現，應有如孫立新、韓杰茜的積極態度：

盛世安享期頤福，松鶴敬獻上壽年。
東海南山皆故典，且待人瑞譜新篇！

捌、在台灣安享晚年的中共地下黨郎成棟

郎成棟（一九一四—一九九五）
原籍：河北正定
黃埔13期

國共兩黨鬥爭近百年，兩方骨子裡都想要消滅對方。因此，派人臥底在對方陣營，進行地下工作（即地下黨或情報人員），都是必要的功課。這類地下工作者被破獲，絕大多數是死路一條。例如，台灣在白色恐怖年代，破獲中共地下黨，

都被拉到台北馬場町槍決，但本文主角郎成棟，則是幸運中最幸運者，老天爺幫他度過災難，得以安享晚年。

郎成棟，一九一四年，生於河北省正定縣第七區（今宋營鎮）南豆村。一九二九年他升入河北省立第七中學（簡稱正定七中，現叫河北正定中學），在正定七中期間，他就加入了中國共產黨。

中學畢業後，一九三三年七月，他考入北平鐵路學院。一九三四年九月，他又考入軍政部軍事交通技術教練所第五期，一九三六年四月畢業，成為黃埔13期畢業生（教練所如何成為黃埔？或編入黃埔，原因不明）。畢業後分發整編第2師，當一個少尉軍官。

一九三七年四月，他奉調軍委會委員長衛士大隊，曾任分隊長、區隊長等職，一九三九年陸軍36軍成立通信營，郎成棟任副營長。勝利後，他奉命到台灣參與受降和接收工作，到一九四七年他擔任聯勤台灣供應局第三科中校科長。一九五〇年四月，他擔任台灣省聯勤總部通信大隊上校大隊長。

一九五〇年元月時，台灣破獲「蔡孝乾案」，被捕的中共地下黨有四百多人，波及一千多人。一九五三年時，案子牽連到郎成棟，元月十四日，蔣公親筆批示：

「郎成棟與王夢同應即撤職查看，並詳訊其與匪關係，余可如擬辦理。中正」。

經半年審訊調查，沒有查出他有共產黨身份。一九五三年五月七日，國防部發文《查報李法環等之行動生活及訊明郎成棟等未與匪發生任何關係》。七月九日，總統府發文《王夢月等偵訊報告表筆錄等件均悉王夢月郎成棟可准復職》。他雖復職，仍受監視，直到退役。

《黃埔》雜誌這篇文章，是郎成棟的女兒郎瑞敏口述，她最後一次看到父親是三歲時。一九八五年的有一天，河北正定縣黨委要對郎成棟進行調查，約見了郎瑞敏和她先生。他們拿到一本《正定黨史人物簡介》，才知道父親早年加入共產黨和後來的事。

兩岸開放交流後，他們經各種途徑也連繫上了，郎成棟也寫信說要回正定度晚年，可惜各種原因未能如願，一九九五年八月，郎成棟病逝台北榮總。而他的夫人，苦等五十九年，終身未再嫁，也在隔年去世，似乎冥冥之中，兩個老夫老妻，相約到另一個世界約會。

二〇一三年十二月，為紀念二十世紀五〇年代，在台灣光榮犧牲的先烈，中國人民解放軍總政治部，在北京西山國家森林公園修建了無名英雄紀念廣場、紀念碑。廣場台基正面有毛澤東題詩：

驚濤拍孤島，碧波映天曉；
虎穴藏忠魂，曙光迎早來。

與郎成棟同案的宮樹桐、梁鍾濬和其他八百四十四位地下戰場烈士名字，都鐫刻於此。碑銘最後說，「人有所忘，史有所輕。一統可期，民族將興，肅之嘉石，沐手勒銘。噫我子孫，代代永旌。」

在北京《黃埔》雜誌二〇二二年第三期，有一篇宋衡夫〈抗戰勝利後赴軼事〉，是他的自述，寫勝利後來台接收日軍投降後的物資和與台民相處的感想。

宋衡夫（一九一七—二〇〇三），湖北漢陽人，民革黨員，黃埔13期生。河北省黃埔軍校同學會第一屆理事會副會長兼秘書長，第二屆副會長。曾任國軍92軍三一八師上校參謀長。一九四五年九月來台，任務完成後，一九四六年九月又回大陸。

第二章 慷慨赴國難 血肉築長城

北京《黃埔》雜誌二〇二二年第4期，主題是〈慷慨赴國難、血肉築長城〉，講的是東北抗日聯軍中的黃埔師生。「東北抗日聯軍」（簡稱東北抗聯），成長在台灣的人較少聽到或知道的一部悲壯抗日史，也是中華兒女抵抗小日本鬼子入侵光輝的一頁。歷史講事實，不分黨派，脫離事實都是科幻。

壹、北京《黃埔》雜誌二〇二二年第4期文章主題

特別策劃、兩岸時評與情繫黃埔

張源，〈東北抗日聯軍發展綜述〉

馬興達，〈東北抗聯中的黃埔師生〉

李憲建，〈新時代鞏固兩岸關係和平發展大局的努力方向：學習習近平總書記關於對台工作重要論述的幾點思考〉
吳亞明，〈海峽兩岸大事記二〇二二年四—五月〉
石稼，〈世界上最袖珍的航母「差克里・納呂貝特」號〉
石評，〈軍語新解〉
覃珊，〈師生情、民族義：記李濟深先生對覃異之道路選擇的影響〉
高燕茜，〈江南塞北、兄弟情深：黃埔學子張新與高憲崗的莫逆之交〉

人物春秋與黃埔前輩

陳予歡，〈施復亮夫婦與黃埔軍校〉
陳宇，〈黃埔４期生李逸民的傳奇人生〉（上）
韓淑芳，〈黃埔名將李宗仁的抗戰精神和愛國情懷〉
丁幕，〈軍旅十二年、兩立三等功〉
李運生，〈我的父親李繼賢〉

黃埔歷史研究與軍史擷英

楊守禮、黃勝利，〈中央傷兵管理處的組織管理系統〉（下）

楊靈統，〈鮮為人知的憲兵科和憲兵教練所〉

單補生，〈我收藏的黃埔軍校《操場野外筆記》〉

賈曉明，〈一九二六年四月廿一日，蔣介石為被迫退出國民革命軍第一軍黨代表及共產黨人官長舉行晚宴〉

王曉平，〈斯大林格勒戰役〉

李務起，〈郭沫若書法藝術〉

熊子傑，〈你不知道的台灣：兩岸應知道的台灣歷史故事〉（八）

貳、東北抗聯第3軍創建人和領導人趙尚志

趙尚志（一九〇八－一九四二）

原籍：遼寧朝陽

黃埔4期

趙尚志，一九二五年加入中國共產黨，黃埔4期畢業後，投身東北抗日武裝鬥爭。一九三三年十月，參與創建領導北滿珠河反日游擊隊，次年六月擴編成「東北反日游擊隊哈東支隊」，趙尚志被任命為總司令。一九三五年元月，按中共滿洲省委指示，該支隊擴編成「東北人民革命軍第3軍」，趙尚志任軍長。

一九三六年八月，再改編成「東北抗日聯軍第3軍」，他仍任軍長。在一九三六到一九三七年間，他率領第3軍從松花江下游的湯原、依蘭、通河、方正、木蘭、巴彥到小興安嶺山麓的鐵力、慶城、綏稜、海倫、通北；從北黑鐵路沿線的北安、龍門，到黑龍江沿岸的遜河，縱橫數千公里，作戰百餘次，曾經斃傷日偽軍千餘人，繳獲日偽軍大量輕重裝備。

第3軍還為東北抗聯第6、8、9、10、11軍的發展壯大，提供了大力幫助。一九三八年底，為尋求蘇聯的軍事援助，他曾被派往蘇聯。一九四二年春，趙尚志率部進擊梧桐河偽警察所，戰鬥中重傷犧牲，時年34歲。

參、東北抗日巾幗英雄趙一曼

趙一曼（一九〇五－一九三六）
原籍：四川宜賓
黃埔6期

在多期的《黃埔》雜誌介紹過這位巾幗英雄，對這位前輩老鄉（筆者四川成都）只有敬佩。她原名李坤泰，曾用李淑寧、李潔、李一超。畢業於黃埔6期（武漢分校），一九二六年加入共產黨。

一九三四年七月，她被派到哈爾濱以東抗日游擊區，任珠河中心縣委兼鐵北區委書記，領導當地農民組織抗日自衛隊，展開游擊戰爭。一九三五年秋，她兼任東北人民革命軍第3軍1師2團政委。此期間，曾與日偽軍多次戰鬥，她騎白馬追擊敵人，日偽報紙《大北新報》刊登趙一曼抗日活動，驚呼：「共匪女頭領，騎上白馬，穿過山林，飛馳平原，宛如密林之女主。」

一九三五年十一月，她率隊在一次戰鬥中，身負重傷，被日軍所捕。日軍為了從她口中得到有關東北抗聯情報，對她的傷口抽打，她昏迷多次，也沒有吐露抗聯任何訊息。一九三六年八月，她被日軍殺害，時才31歲。

以趙一曼的故事曾經拍過三部電影：㈠《趙一曼》，一九五〇年攝製，曾獲電影獎；㈡《我的母親趙一曼》，二〇〇五年上映；㈢《雪狼》。她的故事很長、很精彩，本文只是簡介。

肆、哈東地區抗日領導人李秋岳

李秋岳（一九〇一－一九三六）

原籍：朝鮮平安南道中東郡

黃埔6期（和趙一曼同學）

李秋岳，原名金錦珠，化名張一志、柳玉明，一九二五年隨丈夫楊林加入中國共產黨，畢業於黃埔6期，和趙一曼是同學。九一八事變後，她歷任中共滿洲省委婦委幹部、珠河中心縣委、婦女部長、鐵北區書記等職。

一九三三年九月，珠河中心縣委成立珠河反日總會和隸屬總會的婦女組織，李秋岳領導珠河婦女負責游擊隊後勤、醫療和情報工作。一九三五年春，日本關東軍發起「春季大討伐」和「三光政策」，中共在東北的反日組織，受到了破壞。

李秋岳奉命隨趙尚志的東北人民革命軍第3軍（即後來的抗聯第3軍），轉戰延壽、方正一帶，並擔任延方特別支部書記。其鐵北區委書記一職，由趙一曼接任。一九三六年二月，李秋岳調到通河縣，她受命在當地朝鮮族村落建立反日會。

經過半年的努力，她不光動員了朝鮮族，更在漢族村落建立了四個反日會，村民中有六人直接參加抗聯3軍，使她成為日軍和偽軍的眼中釘。一九三六年八月廿七日，她在組織婦女做軍鞋，被偽滿警察逮捕，並被送到日軍憲兵隊。

她必然也受盡折磨，她表明心跡，「喪失國家的人，為恢復國家而鬥爭是沒有錯的！我們要恢復滿洲失去，再恢復祖國朝鮮。」一九三六年九月三日，她在通河縣城西門外刑場就義，時年35歲。

伍、抗聯第7軍代軍長、第2路軍總參謀長崔石泉

崔石泉（一九〇〇—一九七六）
原籍：朝鮮平安北道
黃埔5期第6區區隊長、教官
朝鮮國家副主席

崔石泉，又名崔秋海、金治剛、金全玉，後改崔庸健。一九二三到一九二五在雲南講武堂學習，畢業在黃埔軍校當區隊長、教官，一九二六年加入中國共產黨，一九二七年任黃埔軍校特務營2連連長，一九二八年起參加東北抗日，勝利後回朝鮮。

一九四五年十一月，他以崔庸健之名回到祖國朝鮮。一九四八年九月九日，朝鮮民主主義人民共和國成立，他任副首相兼民族保衛相。後來擔任過朝鮮最高人民會議常任委員會委員長、國家副主席等。一九七九年九月十九日，崔庸健在平壤病逝。

陸、金日成部的軍事顧問和軍事教官朴奉

朴奉（一九〇二—一九七一）
原籍：朝鮮咸境北道
黃埔軍校（4期或5期）

朴奉，原名朴根秀，曾用金正日、洪秀百。一九二六年入黃埔軍校（期別不詳，一九二六年元月4期入伍，三月5期入伍，他可能4期或5期）。一九二七年十月，加入中國共產黨。

一九三〇年二月，中共為開拓磐石一帶革命根據地，考量到磐石多朝鮮族，派朴奉及其二哥朴根萬到磐石，朴奉到磐石小城子楊樹泊子（今明城鎮七間房村），朝鮮族小學當老師。他在磐東、磐北做了很多工作，吸收十多人加入共產黨。

一九三〇年八月，磐石縣黨的第一次代表大會，朴奉當選縣委書記。一九三一年八月，縣委改組為磐石中心縣委，朴奉任中心縣委委員、組織部長，後被派往汪清縣（今圖門市）工作，成為金日成部的軍事顧問和軍事教官，一九七一年

逝世。

柒、紅廿三軍軍長、紅1軍團參謀長楊林

楊林（一八九八—一九三六）

原籍：朝鮮平安北道

黃埔軍校教官

楊林，原名金勛，曾用名楊州平、楊寧、畢士悌，是李秋岳的丈夫。一九二四年在黃埔軍校當教官，一九二五年（另說一九二一年）加入中國共產黨。一九三〇年夏，他和妻子李秋岳留學莫斯科回國，楊林任滿洲省委軍委書記，後參與組建抗日游擊隊和赤衛隊。

一九三一年二月，楊林制訂重要軍事文獻《東滿游擊隊工作大綱》，它對東滿地區的抗日游擊戰有重大作用。一九三二年六月，他組建了「滿洲工農反日義勇軍第1軍第4縱隊」，後成東北抗聯第1軍骨幹。

楊林後來歷任工農紅軍學校總教官、紅廿三軍軍長、紅1軍團參謀長。一九三五年四月廿九日，在奪取金沙江皎平渡渡口和強占通安鎮戰役中，表現不凡的軍事才能。一九三六年二月，任紅15軍團75師參謀長，22日的戰鬥中，不幸犧牲，時年38歲。

捌、積極建立武裝抗日游擊隊與倭鬼鬥爭至死的宋國瑞

宋國瑞（一九〇五—一九三三）

原籍：山東省高密市

黃埔6期（武漢分校）

宋國瑞，山東高密夏莊人，原名宋振邦，字祥齋，又名宋琦。一九二四年加入中國共產黨，一九二六年七月，考入武漢分校，為黃埔6期生。他是山東高密地區，中共早期黨組織領導人之一。

一九三一年十一月，中共滿洲省委派有革命經驗的童長榮，擔任東滿特委書

記，因童有病在身，十二月派宋國瑞任特委軍委書記，協助童展開工作。此期間，宋國瑞積極建立武裝抗日游擊隊，一九三二年十一月，琿春反日游擊隊成立。

在此後的一年多，不僅又成立了和龍、延吉、汪清、安圖游擊隊，與日偽戰鬥達六十多回。之後這幾支游擊隊，合併改編成東北人民革命軍第2軍第1獨立師，成為東北反日抗日的重要力量。

一九三三年六月，正當東滿武裝抗日力量茁壯成長時，宋國瑞調任中共北滿特委書，在一次與日軍作戰時，不幸壯烈犠牲，時年28歲。

玖、東北第一個蘇維埃政府的創建人申春

申春（一九〇七－一九三四）

原籍：朝鮮咸鏡北道明川郡

黃埔6期

申春，曾化名梁道益。一九二七年入黃埔軍校6期，一九三〇年加入中國共

產黨，四月中共滿洲省委頒布《全滿農民鬥爭綱領》，號召在條件成熟的地方，組建「蘇維埃政權」。和龍縣藥水洞群眾革命性強，先後成立了反帝同盟、農民協會、婦女會、青年會、少年會等革命組織，申春在藥水洞努力經營。

一九三〇年五月廿七日，在申春領導下成立了東北第一個蘇維埃政府，「和龍縣藥水洞蘇維埃政權」。同年七月，申春任平崗區工農游擊隊和赤衛隊軍事總指揮；十月，被任命延和縣委軍事部長，因在一次與日偽戰鬥受傷，被安排到琿春縣養傷。

在琿春縣不久，申春被任命縣委軍事部長，他化名梁道益，對親日走狗展開鬥爭。一九三一年二月，因漢奸告密，申春在大荒溝不幸被捕，關在延吉監獄。一九三四年六月，被日本憲兵隊的特務殺害，時年27歲。

拾、李成林，從東北抗日同盟軍到東北抗日聯軍

李成林（一九〇四—一九三六）

原籍：朝鮮咸鏡南道咸州郡

黃埔4期

李成林，原名金東軾，又名金東植，化名金大倫、孫靖海，一九三〇年加入中國共產黨。九一八事變後，中共派他到王德林領導的抗日救國軍總部任宣傳部長，不久又調密山任縣委宣傳部長。此期間他積極建立七個黨支部，創《救國時報》，月發行量達二千多份。

李成林以救國軍的平台，配合密山游擊隊作戰，為建立東北人民革命軍第4軍創造條件。他整頓密山游擊隊和部分抗日組織，與東北人民革命軍第4軍合併，改編為東北人民抗日同盟軍第4軍第2團。

一九三四年到一九三五年間，他任勃利縣委書記，同時領導該地區抗日鬥爭，為抗聯第3、4、5軍提供後勤。東北抗日同盟軍第4軍改編成東北抗日聯軍第4軍，也是他指導下完成。

一九三六年三月，中共撤銷滿洲省委，成立松江省委，李成林任省委書記。六月，他和抗聯4軍2團副官齊喜到依蘭的黑背參加抗聯4軍軍部會議，行至馬糞包（今勃利縣大四站鎮福興村）北溝時，不幸被土匪暗害，時年32歲。

拾壹、從滿洲省委到吉東局組織部部長潘慶由

潘慶由（一八九一—一九三三）

原籍：吉林琿春

黃埔5期

潘慶由，出生在吉林省琿春縣大荒溝的朝鮮族之家，原名李起東，化名潘向允、老潘。一九二六年入黃埔5期，加入共產黨時間待查，一九三一年九月，他的身分是滿洲省委巡視員。

一九三二年元月，他出任中共寧安中心縣委書記，負責組織領導寧安、穆棱、東寧、密山等縣抗日鬥爭。在他的努力下，黨組織迅速發展壯大，他也培養很多得力幹部，如抗聯第4軍政治部主任黃玉清等，日後都成為抗聯著名將領。

潘慶由對武裝抗日的發展也有很大貢獻，他派出大批黨、團幹部去組織群眾。在寧安大地上，先後出現「吉東工農反日義務總隊」、「紅槍會」、「大刀會」、「北滿工農義勇軍」等，這些後來都是東北抗聯第4、5軍的火種和前身。

一九三三年五月，中共吉東局正式成立，這是共產國際和滿洲省委的聯絡機構。潘慶由任機構之組織部部長，領導綏寧中心縣委、饒河中心縣委和東滿特委。七月，他在琿春縣委擴大會議上，嚴厲批判游擊1大隊2中隊政委朴斗南的「左傾盲動主義」，並開除其黨籍，撤銷一切職務。會後，潘慶由被朴斗南殺害。

拾貳、湯原反日游擊中隊到湯原反日游擊總隊的李雲健

李雲健（一八九五—一九三五）

原籍：朝鮮，隨父遷居黑龍江湯原

一九二六年入黃埔軍校（4或5期）

李雲健，原名張世農，又名李仁根、張秋。一九三二年十月，中共湯原中心縣委在湯原城北半截河村，建立中國工農紅軍第33軍湯原反日游擊中隊（簡稱湯原游擊隊），李福臣任中隊長，李雲健任參謀長，下轄三小隊，戴鴻賓、顏慶林和孫盤鐵分任小隊長，共有隊員50多人。

一九三四年開始，李雲健在戴鴻賓、李鳳林配合下，收繳了偽自衛團武器，並和日偽兩個連激戰，殲敵三十多人。一九三四年六月，李雲健等率湯原游擊隊襲擊太平川偽警察署，七、八月間又攻破黑金河、西大崗、二道崗等偽自衛團，湯原游擊隊發展到五六百人。

一九三四年秋，湯原游擊隊在亮子河擴編成湯原反日游擊總隊，戴鴻賓任總隊長、夏雲杰任政治委員、李雲健任參謀長。不幸的是，因遭受「左」傾錯誤影響，一九三五年三月，李雲健因「民生團」事件被誤殺。一九三六年元月，湯原反日游擊總隊，改編成東北人民革命軍第6軍。

拾參、中共黑龍江省綏化地區黨組織創建者張適

張適（一九〇四—一九四六）

原籍：山東昌樂

黃埔6期（武漢分校）

張適，原名來順，化名張弓、張有才，共產黨員。軍校畢業後參加廣州起義，一九三〇年後，任哈爾濱市委、滿洲省委巡視員，一九三三年任奉天特委書記，十月在瀋陽被捕，一九四二年出獄。一九四六年在哈爾濱被殺，應該是國民黨特務所為。

張適是中共在黑龍江綏化地區黨組織的創建者。一九三一年十月十日，綏化四方台站建立特別支部，張適任書記，他組織了一支二百多人的抗日義勇軍。不久他調任滿洲省委巡視員，一九三三年五月初，巡視吉林時，組建了以李維民為書記的吉林市委。

一九三三年底，被日本憲兵隊捕獲，吃了不少苦刑，一九四六年春，張適擔任中蘇友好協會秘書長。正要展開工作，三月九日，被國民黨特務捕獲，在那個中國人相互屠殺的年代，只有死路一條！

拾肆、領導群眾「三七減租」、打倒日帝漢奸的曹基錫

曹基錫（一九〇四－一九三二）

原籍：朝鮮咸鏡北道鍾城郡、幼年隨叔叔到吉林延吉謀生

黃埔5期

曹基錫，又名曹永勛。一九三〇年五月參加東滿「紅五月鬥爭」，七月加入共產黨，翌年八月任延吉區委書記。一九三一年領導數百農民向大地主提出「三七」減租要求，因談判農民被逮捕。他乃組反帝同盟、農民協會、共青團、婦女會、少先隊等二千多人，高喊打倒日本帝國主義，包圍偽延吉縣府，農民代表得以釋放。

從一九三一年到一九三二年間，曹基錫致力於領導群眾，宣傳打倒日本帝國主義、打倒漢奸，他必然成為偽滿和倭鬼的敵人。一九三二年四月廿七日，他和三十名革命志士，被日軍押進一座破倉庫，先用機槍掃射，再放火焚屍，時年28歲。

說來那個年代的中國人真是可憐，任由小日本鬼子屠殺。而當共產黨員更不容易，被偽滿抓到必死，被日軍抓到慘死，被國民黨抓到也死；反之，當國民黨員也差不多，那是現代史的黑暗面。

拾伍、從滿洲省委巡視員到延和縣委書記的陳公木

陳公木（一九〇〇—一九三五）

原籍：朝鮮慶尚南道山清郡

黃埔5期

陳公木，原名金相喜，又名李炳熙、丁公木。一九一九年參加朝鮮三一獨立運動，被捕入獄。一九二六年四月，考入黃埔軍校（應是5期），一九三〇年加入中國共產黨，後以滿洲省委巡視員身份在北滿進行革命工作。

一九三一年初，被派到安圖大河一帶，任安圖縣委書記，此期間他發展了不少黨員，但安圖縣委很快受到破壞。三月，他任延和縣委書記。

一九三一年四月八日，陳公木被日軍抓捕，押至朝鮮漢城，後在囚禁中被折磨至死，時年35歲。

拾陸、兩個黃埔死黨：張新與高憲崗的莫逆之交

張新（一九〇二—一九八五）

原籍：浙江浦江

黃埔3期

高憲崗（一九一〇—一九九〇）

原籍：內蒙古土默特左旗

黃埔9期

高燕茜（高憲崗之女），這篇寫張新與高憲崗的莫逆之交，這種有如異姓兄弟情誼，在筆者年輕時代俗叫「死黨」。本文僅針對他們重要經歷，做簡略介紹。

張新在一九三八年台兒莊血戰中，任國軍92師五五二團團長、英勇作戰而身負重傷。高憲崗於一九三六年即為29軍少校參謀，主管軍隊調動、教育計劃和部隊駐地。

兩人相遇，一見如故，一九四三年在四川瀘州石洞鎮，二人相遇在胡宗南部76

軍，張新時任副師長，高憲崗任參謀長。一九四五年八月十五日，日本宣布無條件投降，他們負責湖北當陽受降，經歷神聖的一刻。

一九四七年十月，張新在陝北清澗之役加入了解放軍。高憲崗是一九四八年十一月，在陝北永豐之役加入了解放軍。二人在新中國也受到重用，他們從一九五一年在蘭州分別，未再見面，思念之情則與日俱增。

改革開放後，高憲崗給曾在《浙江日報》工作的張新長子張若瑩寫信，兩個老革命得以再續前緣。一九八五年八月十三日張新謝世，一九九〇年元旦前夕，高憲崗離世。

拾柒、陳予歡〈施復亮夫婦與黃埔軍校〉

施復亮（一八九九－一九七〇）

原籍：浙江金華

武漢分校政治教官、總教官

施復亮，原名施存統，曾用名方國昌、光亮、子元、施伏量等。一八九九年十一月十二日，生於浙江省金華縣金東鄉葉村。讀浙江第一師範時，在《浙江新潮》發表〈非孝〉一文，引起轟動的「一師風潮」。

施復亮是中國共產黨最早期組織成員之一，參與組建東京共產主義小組。他是早期馬克斯主義在中國的傳播者和譯作者，中國社會主義青年團主要創始人。曾任武漢分校政治教官、總教官，武漢分校學員組成獨立師之政治部主人。

一九二六年元月，施復亮與當時就讀上海大學社會學系學生、也是共產黨員的鍾復光結婚。十二月，武漢分校成立，決定招收女生隊，這是黃埔軍校最早的一期女生隊，列為黃埔6期。鍾復光、彭漪蘭、唐惟淑（時任政治教官的陳啟修夫人），三人被委任為女生隊的政治指導員，負責女生隊訓練管理工作。

施復亮和鍾復光夫婦二人，與我黃埔軍校有深厚的淵源，為培養那個時代的革命青年做出貢獻，使得許多熱血男女青年投入抗戰。夫婦二人的貢獻不僅是黃埔史上光輝的一頁，深值生生世世的中國人追憶和緬懷。

鍾復光（一九〇三－一九九二），四川江津人，曾任全國人大代表，第五、六屆全國政協委員。兒子施光南，是「人民音樂家」。

拾捌、李繼賢留給乖曾孫李咚陽的一封信

李繼賢（一九一五—）

原籍：山東莒縣

黃埔15期（廣西六分校）

李繼賢，一九三六年，考入南京陸軍交輜學校（後改陸軍機械化學校）。一九三八年，由學校推薦進入廣西六分校，列為黃埔15期，他畢業後分發到西南運輸處下關華僑運輸1大隊3中隊任少尉分隊長。往後若干年，他都在運輸單位，負責從越南、緬甸把物資軍品運回國內，又把國內的農業品從滇緬公路運出去交換。

勝利後他回到重慶，在大坪安家，晚年熱心於參加黃埔軍校同學會。李運生在〈我的父親李繼賢〉一文說，二〇一四年，已經一百歲的父親，突然說要給曾孫留一封信，信中寫道：

……咚咚，祖爺爺可能看不到你成年之時了。作為李家後人，希望你在今後漫長的人生路上，一定要熱愛生活，珍惜生命，時時刻刻都要遠離毒品，生活要有規律。人活在世上是很艱難的，但你一定要堅強，對世上萬物都要有一顆愛心：愛父母、愛爺爺、愛奶奶、愛外公、愛外婆、愛自然、愛這個世界……

祖爺爺顛簸了一生，沒有什麼物資留給你，留給你的只是祖婆婆和我對你的愛和想念。你一定要相信智（知）識能改變一個人的命運，希望你能成為一個有文化知識，身心健康的人。

民族要復興，國家還沒有統一，中山先生講「革命尚未成功、同志仍須努力」。你一定要爭取做一個有為的人、有社會責任的人。但願哪一天，你能替我回山東老家莒縣看看，家祭無忘告老翁。我和祖婆婆會在天上保佑你，我的乖曾孫李咚陽。

這位我黃埔老大哥給乖曾孫李咚陽的信，適合給我們新生代的年輕中國人看。雖說現在中國富強了，年輕世代日子也好過了，但不可否認的，也有很多「醉生夢死」的、尚未清醒的，若有緣看到這位黃埔老爺爺的留信，或許就清醒些！

第三章 睡獅怒吼震寰宇 九州同慨斬倭鬼

北京《黃埔》雜誌二〇二二年第5期，封面標題大字「睡獅怒吼震寰宇、九州同慨斬閻羅」。下句的「斬閻羅」，筆者改「斬倭鬼」，「倭鬼」是小日本鬼子也。而「閻羅」是閻羅王，斬不得也！

壹、北京《黃埔》雜誌二〇二二年第5期文章主題

特別策劃：紀念全民族抗戰爆發85週年

馬興達，〈盧溝橋事變〉

〈盧溝橋事變圖錄〉

李君娜，〈第二次國共合作〉

林上元，〈革命尚未成功、同志仍需努力〉

兩岸時評、軍事天地與黃埔招牌

詹林煒、王建民，〈歷史大框架視角下台灣問題發展前景觀察〉
吳亞明，〈海峽兩岸大事記二〇二二年六—七月〉
石　稼，〈現代航母經典戰例回顧與評析〉
石　評，〈軍語新解〉
張乃源，〈擦亮「黃埔」金字招牌〉

人物春秋與黃埔人生

蘇振蘭，〈彭明治將軍的抗日之旅〉
陳　宇，〈黃埔4期生李逸民的傳奇人生〉（下）
郭珊珊，〈台兒莊大戰中的黃埔名將：池峰城〉
胡敏珍，〈懷念我的爺爺胡璉上將〉

黃埔歷史與研究

蒲 元、趙軍航，〈三英齊隕、晉南悲歌：黃埔烈士王竣、陳文杞、梁希賢抗戰事略〉

楊守禮、黃勝利，〈抗日戰爭正面戰場傷兵救助管理撫恤機構和社會組織〉

單補生，〈話說黃埔軍校入伍生預備班〉

賈曉明，〈一九二六年四月廿九日晚，黃埔第一期畢業生胡宗南等到周恩來交卸軍校政治部主任後的臨時住所看望周恩來〉

熊子傑，〈你不知道的台灣：兩岸應知道的台灣歷史故事〉

貳、陳宇〈黃埔4期生李逸民的傳奇人生〉

李逸民（一九〇四—一九八二）

原籍：浙江龍泉

黃埔4期

李逸民在讀上海大學時就接觸馬克斯主義、共產主義理論。一九二五年九月，他放棄即將領到的文憑，由中共上海地下黨組織介紹，通過黃埔軍校政治部主任熊雄推薦，他入讀黃埔4期，和謝晉元、彭士量同在第3隊。

一九二六年十月畢業，他被熊雄留下負責編輯《黃埔日刊》。一九二七年八月參加南昌起義，次年春他被英租界巡捕房逮捕，被引渡到淞滬警備司令部。此後十年他在獄中度過，他在獄中讀了很多書，並且時間上可能是第一個手繪的「紅軍長征路線圖」。

出獄後他去了延安，一九三八年起，他歷任抗大政治教員、抗大三分校政治部主任。一九三九年後，他曾任八路軍的支隊長、情報部1局局長、西北公學副校長。一九四六年後被派往東北，任牡丹江省建設廳廳長、東北人民政府財經計劃委員會常委兼秘書長等職。

一九五〇年九月，李逸民被授予少將軍銜。退休後他成為一個畫家，一九八二年六月五日逝世於北京，《李逸民畫選》於一九八四年，由四川人民出版社出版。其他著作尚有《獄中十年》、《李逸民回憶錄》等。

參、台兒莊大捷中的黃埔名將池峰城與敢死隊們

池峰城（一九〇三—一九五五）

原籍：河北景縣

黃埔高教班2期

一九三八年初，方圓不足50公里的台兒莊，日軍投入第5、10兩個師團約三萬餘人。中國在這一帶有孫連仲的第2集團軍和湯恩伯的第20軍團，總兵力約十萬人。按當時戰力比的測算，日軍有極佳的三軍武器裝備，他們一個師戰力，約中國三個師以上戰力。

一九三八年三月廿四日，日軍在飛機、坦克、大砲配合下，向台兒莊大舉進攻。當時負責防守台兒莊，就是第30軍的31師，師長池峰城。

池峰城，一九三六年十月，被授予陸軍中將軍銜，台兒莊大戰期間，任31師師長。其所部布防在台兒莊城內及運河兩岸，為此戰勝利立了汗馬功勞，傳作義譽為「中國戰史上一神人」。

從三月廿四日開始，敵我兩軍經過三天三夜激戰，反覆進行著陣地爭奪戰。31師4個團八千多人，死傷已近三千人。日軍一度佔領城內四分之三陣地，池峰城不得不拿起手邊的話筒，向總司令孫連仲請示：「我部傷亡實在太大，如此死守下去勢必全師覆沒，可否轉移陣地，讓我們喘口氣……」

孫連仲深知，目前這樣廝殺、消耗，31師可能傷亡殆盡，他請示第五戰區司令長官李宗仁：「我第2集團軍已傷亡十分之七，敵人攻勢太猛，能否答應我們暫時撤到運河南岸，給我們留點種子，也是長官的大恩大德。」

李宗仁也了解前線困境，但若此時撤退渡河，多日血戰將功虧一簣，會戰計畫也毀於一旦。於是嚴令孫部「死守待援，違者軍法從事！」

孫連仲以堅毅的語氣對池峰城下達命令：「任何人都不准撤退，我們要用血肉來填敵人的砲火。先用士兵填，士兵填完了你池峰城填進去；你填完了，我總司令來填，直到填完為止！」

池峰城堅定決心，向全師官兵下達命令：「台兒莊就是我們全師官兵的墳墓！就是剩下一兵一卒，也要堅守陣地，任何人不得撤退，違令者嚴懲不貸！」並下令炸毀運河浮橋、組織敢死隊，與日軍背水一戰。

當即組成一支57人敢死隊，由連長王範堂領隊。池峰城的淚珠從布滿血絲的眼中悄然滑落，向敢死隊們說：「弟兄們，我池某人在這裡給各位送行了，這是國家的一點心意，每人十個銀元，希望你們活著回來！」

敢死隊員扔下大洋，眾口說：「師長，我們連命都不要了，還要這大洋做什麼？如果我們在戰場上犧牲了，就請您為我們立一塊碑，讓子孫後代知道我們是為抗日而死的。這樣就夠了，這大洋我們不要！」

57名敢死隊，手持長槍、斜挎大刀，腰裡掛滿手榴彈，分成六小組，入夜摸入日軍陣地，一陣廝殺，日軍倉皇撤退。到黎明時，湯恩伯軍團堵截日軍，李宗仁指揮一部守軍出擊，日軍全面潰敗。

台兒莊大捷，共斃傷日軍一萬一千多人，俘虜七百多人，繳獲大量戰利品。國軍也付出沉重代價，有三萬將士壯烈成仁，那57名敢死隊，只有13人生還。

一九四一年五月，中日兩軍在山西南部中條山區發生一場大規模戰役，史稱晉南會戰。從五月六日到六月十五日，此役中國軍隊遭受重大損失。特別是參戰的新編27師，該師少將師長王竣、少將副師長梁希賢、少將參謀長陳文杞，在兩天內相繼壯烈成仁。創下中國軍隊師級作戰單位主官於一役中全部陣亡的空前史例，三位黃埔老大哥用生命和鮮血，譜寫中國人不朽詩篇。

肆、王竣：阻敵台寨、壯烈成仁

王竣（一九〇三—一九四一）

原籍：陝西蒲城

黃埔3期步科

王竣，原名王俊。一九二五年元月，考入黃埔3期步科，一九二六年元月畢業，被派往馮玉祥部，次年轉入楊虎城的第10軍，後在第10軍任副官、隊長、營長等。第10軍先縮編為暫編14師，中原大戰後楊虎城部擴編為17路軍，並移師陝西綏靖地方。王竣隨部入陝，一九三二年升任陝西省警備第1旅1團團長，三年後升任旅長。

一九三九年四月，陝西省警備第1旅奉命擴編為新編第27師，王竣任副師長，四個月後升任師長。一九四〇年元月，27師隨80軍東渡黃河，深入到中條山區展開敵後作戰。

一九四一年五月，晉南會戰爆發。中條山系是華北淪陷後，中國正面戰場在黃河以北唯一較大而突出陣地，向西屏障潼關、西安，向南屏障洛陽，向北俯控同蒲路。其戰略地位重要，日軍早已虎視眈眈。

從戰役開打到五月九日凌晨，27師奉命開赴台寨村布防，保障黃河白浪渡口安全，並保障80軍主力向渡口集結。九日下午四時，日軍航空兵、砲兵向台寨村猛烈攻擊，村北曹家川據點被攻佔，27師各陣地皆與日軍陷入苦戰，79團代團長張顯東已陣亡。

此時，王竣手上只有特務連和工兵連可調用，為奪回失地，改善防禦態勢，王竣和參謀長陳文杞率特務連投入反擊。就在王竣率部衝入曹家川時，突遭日軍轟炸機猛烈轟炸，王竣、陳文杞、參謀主任郭則溫、副官趙燕海等頓時倒在血泊中，王竣當場陣亡。

一九四二年十二月三十一日，王竣獲准入祀忠烈祠。一九八七年五月七日，陝西省人民政府追認王竣為革命烈士。二〇一四年九月一日，民政部公布第一批抗日英烈和英雄名錄，王竣名列其中。

伍、陳文杞：參贊戎機、血灑曹川

陳文杞（一九〇七—一九四一）

原籍：福建莆田

黃埔5期工兵科

陳文杞，一九二六年三月，考入黃埔5期工兵科，在學期間參加北伐，編入1軍工兵營3連，攻克武昌後返校。一九二七年八月畢業，分發22師工兵連，不久22師編入第1師，陳文杞改任1師1旅3團步兵排長，到一九三四年時，任3團1營營長。

抗戰爆發，1師奉調馳援淞滬，陳文杞任1旅中校參謀主任，該旅2團團長楊傑（4期）會戰中陣亡，陳文杞代2團團長。戰後他升任1師參謀處上校主任，此後又參加了徐州會戰和武漢會戰等各大戰役。

一九三九年四月，陳文杞調升27師少將參謀長，次年隨部進中條山區。一九四一年他被推薦入陸軍大學深造，但因日軍將大舉進攻，他放棄深造，堅守戰位。

一九四一年五月，中條山大戰爆發。到五月七日時，27師已傷亡慘重。五月九日凌晨，80軍軍長孔令恂為保障黃河白浪渡口，急調27師布防台寨村，當日下午日軍向台寨村發起攻擊，27師陷於苦戰。

師長王竣為發起反擊，奪回曹家川據點。陳文杞、參謀處人員和師長率特務連，攻入曹家川，陳文杞帶頭衝鋒，他振臂高呼：「有敵無我，有我無敵，不成功，便成仁，此其時矣！」此時日軍轟炸機一群砲彈下來，陳文杞和師長王竣同時陣亡。

陳文杞壯烈成仁後，國民政府頒令表揚，並在其家鄉忠烈祠內立主牌以示紀念。時陸軍總司令何應欽親筆為陳文杞題挽聯：「陳文杞將軍為國捐軀斷吾右臂、中條山血戰犧牲軍魂流傳千古」。二〇一四年九月一日，民政部公布第一批抗日英烈和英雄名錄，陳文杞將軍之姓名，亦赫然其間。

陸、梁希賢：鏖戰中條、魂歸黃河

梁希賢（一九〇一－一九四一）

原籍：陝西同官（今銅川市）

黃埔5期步科

一九二六年三月，考入黃埔5期步科，一九二七年九月畢業，先分發22師參加北伐，因功升連長。北伐後22師編入第1師，他先後任該師2旅3團1營1連連長、4團1營營長、4團團附等。此期間，他參加中原大戰。

一九三七年八月，他隨部參加淞滬會戰，受重傷被送到後方醫院，出院後任2旅3團團長，先後參加了徐州會戰和武漢會戰。一九三九年九月，調27師少將副師長，輔佐師長王竣訓練部隊。

梁希賢帶兵頗有亞兵聖吳起之風。他提倡親民，餓死凍死也不拿百姓物品，他和士兵同吃住，士兵冬天穿單衣，他也穿單衣，士兵穿草鞋，他也一樣。一九四〇年元月，他隨部深入中條山區。

話說晉南會戰，打到一九四一年五月九日，27師師長王竣、參謀長陳文杞同時間被日機砲彈炸死。危急時刻，梁希賢率領27師殘部對抗強大日軍，死守台寨村到十日上午，終因寡不敵眾被日軍擊潰。

梁希賢率領所剩不多的官兵（大多工兵連），撤退到黃河北岸，發現渡河船隻全無，眼看著日軍已追擊而至，為免被敵軍俘獲受辱，他縱身跳入黃河，瞬間被湍急河流淹沒。壯烈成仁，魂歸母親河—黃河。

晉南會戰中，27師幾乎傷亡殆盡。除了師部三位首長外，參謀主任郭則溫、副官趙燕海、79團代團長張顯東、輸送營長張子麟、79團團附張亞東、80團團附周英燦、陳思亮、81團2營營長傅廷棟、連長劉光秀、楊清志等，也都成仁了。當時兵役制度不健全，史料欠缺，恐有更多的無名英雄在這場戰役中犧牲。

柒、世界各國領袖都認為日本民族是變態邪惡人種

像27師這樣傷亡殆盡的吾國軍隊，在抗日戰爭的十四年中，也仍有全師、全

旅、全團、全營打完一場戰役後，剩沒幾人的慘況。當時日軍裝備優良，而國軍裝備很落伍，中國人幾乎就用血肉築長城，我們物資面雖落後，民族精神並不落後，九州同慨斬倭鬼。最終我們把倭鬼全逐出神州大地，中國出得起代價。

按正式的統計，抗日戰爭期間，我們中國光是軍人就死了三百多萬人。死更多的是平民，直接因戰爭而死至少幾千萬，間接而死又幾千萬，其中有很多是被屠殺。倭軍在很多佔領區，搞「三光」，搶光、殺光、燒光，給中國人帶來無窮災難。

日本數百年來，都在給四鄰製造災難，我在十多種著作中，都在宣揚人類應在本世紀內以核武消滅倭國，令「大不和民族」亡族亡種亡國。世界上許多領袖、智者，都認為日本民族是很變態、很邪惡的物種。

李鴻章：此國不除，日後必生大患！

康熙：倭寇國反復無常，其人甚卑賤，不知恩義！

麥克阿瑟：對日本民族，你越打敗他，他越是願意為你奉獻一切！

孟德斯鳩（法國思想家）：日本人對上卑言，對下兇狠惡毒殘暴！

李光耀：我對日本很悲觀，日本註定走上平庸！

尼克拉二世（德皇）：日本就是一群令人討厭的骯髒蠻猴！

季辛格（前美國國務卿）：沒人能看懂日本的野心，一個極邪惡的民族！

戴高樂：日本就像吸血鬼，一旦你暴露弱點，喉管也會被牠咬破！

邱吉爾：日本人極變態，像屎一樣叫人噁心！

羅斯福：日本人是歷史上最卑鄙無恥的民族！

為什麼說數百年來，「大不和民族」都在給亞洲四鄰人民製造災難？照理說，倭國在我們的大唐時代，派了很多「遣唐使」來學習中華文化。所以，在文化上他們也是「中華文化圈」內範圍，應是和平的民族！

大約到了我國明朝，倭國出現織田信長和豐臣秀吉兩個大魔鬼，他們看到自己島國的狹小物貧，而中國地大物博。於是他們給倭人子民劃了一個「天大的餅」，謂「假道朝鮮，佔領中國，建立大日本帝國，是大和民族的天命。」在明萬歷年間，就爆發了「中日朝鮮七年戰爭」，倭軍在朝鮮大屠，幹「三光」，朝鮮子民險些滅種，日本民族從那時就變了，成為邪惡的異種，只會給四鄰製造無窮盡的災難。

日本人表面看都是禮節周到，但這是表面的表演，其內心極變態、極殘暴、極邪惡，應令其亡族亡種。前面那些智者，羅斯福、邱吉爾、戴高樂、季辛格、尼古拉二世（德皇）、李光耀、孟德斯鳩、麥克阿瑟、康熙、李鴻章等人證言，真是完全到位，說出了「大不和民族」的本質真相。

第四章　黃埔後代風采及其他

北京《黃埔》雜誌二〇二三年第一期，主題是「黃埔後代風采」，看完我有些訝異，也有存疑和反思。黃埔人有兒孫很正常，但說兒孫還能有一點點黃埔精神或理念，還知道以父祖輩是黃埔人為榮，這種事以筆者親身在台灣的觀察了解，是不太可能的，說了鬼都不相信。

為何？台灣社會中的黃埔人的兒孫，基本上都正好活在台獨大洗腦的這三十多年內，他們在思想、意識形態上，都和父祖輩處於分裂狀態，這在每個家庭裡都幾乎是存在的一條「紅線」。兒孫和父祖輩已成「兩國論」，這是台灣的悲哀！台灣社會的悲哀！

當然，我相信在大陸沒有這個問題。尤其對於統一的問題，不論老輩或年輕世代都有高度共識，甚至有許多就直接武統了。這也表示，中華民族的復興、中國夢的實現，其主導權、掌控權、話語權，已完全在大陸同胞手上，台灣同胞已完全處於被動、被迫接受，這樣也好，可使統一單純化，利於「一國一制」。

壹、北京《黃埔》雜誌二〇一三年第一期文章主題

特別策劃：黃埔後代風采

〈厚德載物、自強不息：記黃埔後代李德強〉

〈四十餘載科創夢、為國為民黃埔情：記黃埔後代劉錫潛〉

〈赤誠愛國心、深深黃埔情：記黃埔後代熊文正〉

〈為改革開放偉大新時代貢獻聰明才智：記黃埔後代聶炳華〉

〈繼承先輩家國情懷、砥礪奮進再創佳績：記黃埔後代曾學鋒〉

〈心有大愛萬象春：記黃埔後代王義軍〉

〈弘揚黃埔精神、鑄造鋼鐵意志：記黃埔後代姚斌〉

黃埔之聲、兩岸時評與軍事天地

臧幼俠，〈二十大後如何經營兩岸關係〉

彭 韜，〈推進國家完全統一大業、實現中華民族偉大復興：對二十大報告涉台論述的分析解讀〉

林際平，〈踏上中華民族復興之路新征程〉

熊子傑，〈繼往開來，奮進新征程：一位台灣人看中國共產黨第二十次全國代表大會〉

楊保羅，〈憶往昔歲月崢嶸、新時代懸帆啟航：一位島內黃埔後人眼中的二十大〉

吳亞明，〈海峽兩岸大事記二〇二二年十月—十一月〉

石 稼，〈談談航母戰略問題〉（上）

石 評，〈軍語新解〉

黃埔人物與不朽軍魂

陳予歡，〈陳賡與黃埔軍校〉

陳　宇，〈聶榮臻在黃埔軍校論說「紙老虎」〉

劉　春，〈百歲風雨路、悠悠黃埔情：記我的父親、百歲黃埔老人劉華民〉

馬冠群，〈關麟徵將軍與台兒莊戰役〉

姚　建，〈一位黃埔4期生的人生經歷：記父親姚國俊〉

黃埔歷史研究與台灣歷史故事

楊守禮、黃勝利，〈抗日傷殘官兵生產自救的安置事業〉（上）

單補生，〈我珍藏的黃埔軍校簽名本《化學兵器教程》〉

賈曉明，〈一九二六年五月五日，中央軍事政治學校第一分校（南寧分校）成立〉

熊子傑，〈你不知道的台灣：兩岸應知道的台灣歷史故事〉（十一）

貳、黃埔一期生李仙洲之子李德強

李德強的父親，就是電影《南征北戰》中「李軍長」的原型，原國民黨徐州綏靖公署第二綏靖區中將副司令。先後參加東征、北伐，任連長、營長等職。抗戰爆發後，先後參加了居庸關抗戰、忻口會戰、徐州會戰、武漢會戰、棗宜會戰、豫中會戰等，為著名之抗日名將。一九四七年二月，李仙洲在萊蕪戰役中被俘。一九六〇年，在中央人民政府批准的第二批特赦人員釋放。這時十三歲的李德強第一次看到父親，父親按族譜將他的乳名「樹國」，改成「德強」。

或許李德強繼承了黃埔精神基因，從小就是自勵圖強的人。一九七七年秋，他憑高考分數免試上了山東廣播電視大學學習電子專業。這就註定（或建立）以後的專長在電子和工業領域，以他為技術骨幹和負責人，製造出亞洲第一台滾筒式「小鴨牌洗衣機」，流通全中國是他的智慧和辛勞。

李德強事業有成，做了很多兩岸交流工作。新同盟會會長許歷農發起的「中山・黃埔・兩岸情」論壇，他每次都參加，他擔任山東黃埔軍校同學會親友聯誼會會長，通過兩岸交流，促進兩岸和平發展。

二〇〇九年底，他率團到台灣參訪，拜會了國民黨榮譽主席連戰、副主席江丙坤和蔣孝嚴等。二〇一〇年八月，在山東聊城舉辦「傳斯年學術思想的傳統與現代」，台大校長李嗣涔、中研院副院長王汎森、交大校長吳重雨，專程前往參加。

李德強在政治領域也積極參與，曾任第九、十屆全國政協委員，第十一屆全國政協常委，第七到九屆山東省委會常委，第十屆省委會副主委，第十一屆省委會主委。

如今，年逾古稀的李德強，仍未停下腳步，不是為招商就是為民謀劃，始終走在參與社會公益的路上。這正如他辦公室的一幅書法作品，「厚德載物、自強不息」，嵌入了他的名字，不光是人生座右銘，更是恆久不息的人生實踐，以達到自我實現的過程，這是黃埔精神的工商企業版吧！

參、黃埔17期生劉壽彭之子劉錫潛

劉壽彭，從山東走路到成都，考入黃埔17期，這種精神和毅力，已經超乎了常人。如同他後來跟31師師長池峰城，打的那場台兒莊血戰，也是驚天地！泣鬼神！這種基因多少會傳給兒子劉錫潛。

劉錫潛，現任山東禹王實業有限公司董事長，第十、十一屆全國人大代表，工程技術應用研究員。二〇〇〇年被評為全國勞動模範，二〇一八年當選山東十大財經風雲人物，業界譽為「中國非轉基因大豆品牌之父」。

一九七八年，改革春風吹遍神州大地，劉錫潛秉承「愛國、革命」的黃埔精神，開啟非凡的人生旅程。他創辦的禹王集團，已擴展到四大支柱產業、十一個工業實體的集團性企業，在大豆加工、生物醫藥、技術陶瓷、粘接材料，四大領域都在業界占領軍地位。

光看他的集團所獲得「名號」，就很嚇人了：國家級高新技術企業、農業產業化國家重點龍頭企業、全國食品工業優秀龍頭企業、全國綠色工廠等。

二〇一八年摘得中國工業大獎的桂冠，二〇二二年他又被推選為國家大豆精深加工產業科技創新聯盟首屆理事長。面對未來，劉錫潛繼續秉承黃埔精神，為中國經濟發展做出更大貢獻。

如果這種「黃埔精神」，能在中國工商企業界，大大發揚並落實實踐。不出幾年，中國不成世界第一經濟體（目前第二），也難！

肆、黃埔軍官訓練班3期熊順義之子熊文正

熊順義，畢業於黃埔軍校、陸軍大學，曾任一二三師少將師長。參加過太原、徐州、武漢、棗宜、豫西鄂北等戰役，也是名將之一。新中國成立後，曾任山東省府參事，山東黃埔軍校同學會副會長，他從嚴教子，虎父無犬子，兒子熊文正，當然也是不得了的人物。

熊文正，曾在大學任教、省直部門管理幹部，後從事30多年工程諮詢工作。作為山東省工程諮詢院副總工程師，主持過千個重大評估案，他帶領團隊親在現場調查研究，並聽取各方意見。

他主持過的大案，包括大核電站、火力發電廠、新能源電廠、輸油管線、高速公路、機場、港口等重大民生工程，獲得省級和全國性大獎，項目眾多。臨退休時，他不負眾望又承擔起山東工程諮詢協會的領導工作，繼續為工程諮詢貢獻心力。

熊文正也是山東中國和平統一促進會理事，第十一屆山東省政協委員。他也積極參加黃埔軍校相關活動，如台兒莊大捷75週年紀念、抗戰勝利70週年、建校90

週年，尤其在兩岸交流「反台獨、促進祖國和平統一」，他都積極推動。

二○一一年底，熊文正應邀作為黃埔後代代表，隨山東黃埔同學會赴台參訪交流，與中華戰略學會、中華黃埔四海同心會、新同盟會、陸官校友會等團體中的黃埔將領及黃埔後代座談交流，對統一大家都有共識。

伍、黃埔5期聶松溪重侄孫聶炳華

聶松溪（一九○六－一九八九），山東聊城人，黃埔5期經理科，他最後在國軍的軍職是國防部中將參議，抗日許多戰役都打過，也是著名的將領。

聶炳華，是聶松溪重侄孫。山東省人民政府研究室原巡視員、研究員，兼任太湖世界文化論壇理事、尼山世界儒學中心講師團特聘教授、山東省經濟管理學會會長。他把他的政研生涯形象地稱「三步曲」。

一步曲：步入政研戰線、服務省委決策

一九八一年七月，作為全省被選拔到山東省委工作的三名大學生之一，聶炳華被山東省委調查研究室（現稱「省委政研室」）選中，開啟他一輩子從事的政研生涯。最初十年，主要在學習和苦練基本功，理論和實務結合，提高研究水平。

一九八九年下半年，他任省委包村組組長，負責山東鄒平縣西董鄉北禾村扶貧，在他努力一年多後，該村成為「中國農村改革開放的窗口」。一九九一年四月，他回到省委政研室，主持本室社會事業研究處的工作，他的創新調研方式，得到中央政府的重視，做了國務院研究室的委託案，得到了可喜的收穫。

一九九七年八月，山東省委、省府授予他「山東省專業技術拔尖人才」稱號。他以〈但有一分智、當為改革謀〉為題，全面介紹政研人員的境界追求和工作狀況，使大家對「政研」有所認識和了解。

二步曲：重返政研戰線、服務國家決策

一九九九年八月，為貫徹落實中央加快高等教育發展的要求，強化高校領導，山東省委、省府選派部分幹部到高校任職，聶炳華被派到山東經濟學院擔任黨委

委員、副院長。他暫別了工作十八年的政研工作，到山東經濟學院任職。

二〇〇〇年，聶炳華經國務院批准，成為第一個由學校申報享受特殊津貼的專家。同時晉升為研究員，成功設立政治經濟學、區域經濟學兩個碩士點，並擔任首席研究生導師。二〇〇二年他出版《但有一分智、當為改革謀：調研報告輯選及調研方法理論初探》一書，為當年出版界之盛事。

二〇〇五年八月，聶炳華被借調到位在「中南海」的中央政研室，兩年間他取得十七項研究成果，順利完成中央政研分擔的任務。二〇〇七年七月，他又一次告別政研，回到山東經濟學院。

三步曲：三進政研系統、服務省政府決策

二〇一〇年五月，聶炳華被任命為新組建的山東省人民政府研究室黨組成員、副主任。這是他第三次進入政研系統，完成了他政研生涯的「帽子戲法」。

他的「三步曲」主要有兩方面的工作。一者繼續做課題研究，政研室的職能是調查研究、文稿起草和決策諮詢。二者是致力政研傳承，多年的決策服務實踐，

他深知政研隊伍素質，對提高決策服務質量，有關鍵性的作用。因此，在他的三步曲階段，可以說是他一生功力的總結了，高度使命感的體現，彰顯了不凡的人生境界。

身為黃埔後代的他，對凡有關黃埔事也都積極參加。多年來熱心關注黃埔同學歷史研究、兩岸黃埔交流等，努力為傳承和發揚黃埔精神，促進祖國統一大業做出貢獻。

陸、黃埔3期曾澤生之孫女曾學鋒

曾澤生（一九〇二－一九七三），生於雲南省永善縣。雲南講武堂18期畢業，一九二四年考入黃埔3期，曾參加過台兒莊大戰、武漢會戰、南昌會戰、長沙會戰等大戰役。勝利後任吉林守備司令、60軍軍長，新中國成立後，任50軍（原60軍改編）軍長並率軍參加抗美援朝戰爭，取得重大戰果。

有其父必有其子，曾澤生之子曾達人，也真是現代中國海軍之「達人」。50年軍旅生涯，曾達人始終全心全力於海軍建設，長期從事海軍通信技術研究，是軍隊海纜通信領域專家。

祖父是黃埔著名將軍，父親是現代中國海軍專家，身為曾澤生的孫女、曾達人的女兒，曾學鋒也是不凡啊！她是民革中央祖統委委員、山東十三屆政協委員、青島市十六屆人大代表。

父親給她取名「學鋒」，就是要她學習雷鋒，繼承老一輩的創業精神。乘著改革開放大風潮，她創辦了物流企業，十多年苦心經營，成為青島十佳，到二〇〇九年時，曾學鋒被山東工商聯評為「影響山東經濟十大女性人物」，吾國將成為世界第一經濟體，有她一份功勞。

曾學鋒也是青島市黃埔軍校同學親友聯誼會副會長。她積極和港台海內外黃埔後代，建立親密的聯繫，「天下黃埔是一家」，不論前後期，都是愛國團結，促進祖國統一的重要力量。

柒、黃埔21期王健萍之子王義軍

王健萍，新中國成立後，他先後在西南軍區、西藏軍區、山東陽信教委任職，一九八三年退休，曾任濱州市黃埔軍校同學會聯絡組長。

王義軍，從小有極高的繪畫天賦，成為一名畫家是他的人生夢想。一九七九年夏，考入惠民師範美術科，畢業後分發到縣文化系統工作，開始投入美術創作。後入北京畫院、清華美院、山東藝術學院、中國國家畫院等，積極進修學習。

一九九〇年八月，通過父親在台灣的黃埔同學、著名畫家倪汝霖的協助，以及山東民革書畫研究會支持，王義軍成功的在陽信舉辦了「海峽兩岸書畫展」，展品一百二十多件，其中台灣書畫家作品五十六幅。

二〇一一年二月，王義軍隨山東黃埔同學會來台參訪，與台灣黃埔人士、同心會書畫家交流。二〇一八年，他參與策劃「海峽兩岸孫子文化書畫藝術展」，在台北一〇一大樓展出。

二〇二一年，他的作品《脊樑》入選黃埔同學會舉辦的「歷史偉業、百年風華」。王義軍在追尋藝術的道路上，始終不斷創作出有文化擔當、無愧於時代的作品。

捌、黃埔19期孫蔭霖之外孫姚斌

姚斌，黃埔軍校第19期生孫蔭霖之外孫，著名抗日將領張自忠的侄重外孫。民革聊城市委會委員、中國鐵路濟南局集團有限公司濟南供電段電力技師。（可惜文章中沒有提到孫蔭霖的基本資料，張自忠是大名頂天的抗日英雄，不用介紹）。

一九九七年金秋，姚斌大學畢業後成為鐵路供電人，開啟他的鐵路人生。工作之外，他始終銘記自己是黃埔後代和民革老黨員，要繼承發揚黃埔精神，做一個積極推動社會進步的先鋒。

他擔任民革聊城市第八、九屆市委委員、民革聊城市委祖統專委會主任期間，積極參加山東省黃埔軍校同學會相關會議和活動，與台灣黃埔後代交流、聯誼，努力為促進祖國統一添磚加瓦。

姚斌認為，有形的黃埔軍校已淡出人們的視野，但黃埔精神穿越時空走向現代，成為兩岸同胞共同的記憶和精神遺產。黃埔精神的內涵，就是追求中國之統一、富強，追求中華民族之偉大復興，從孫中山至今習近平的中國夢，其實一以貫之，一脈傳承！

玖、臧幼俠〈二十大後如何經營兩岸關係〉

臧幼俠，鳳山陸官41期、陸院68年班、戰院74年班、兵研所80年班。退役陸軍少將，現任台灣振興中華民族暨文經促進協會理事長，他的學歷齊全，黨政軍民各項經歷豐富。

臧幼俠先生，祖籍江蘇省新沂市窯灣鎮，其父臧肖俠也是我黃埔前輩，為著名抗日英雄。臧幼俠秉持「兩岸一家親」理念，多年來致力於搭建兩岸交流橋樑，為促進統一而努力。

臧幼俠在〈二十大後如何經營兩岸關係〉一文，談到和平統一的兩個問題（台灣內部），一個是青年問題，一個是日裔「台獨」問題。這兩個都是大問題，而且是複雜的問題，他清楚指出問題所在，但要徹底解決也不太可能，因為效果有限。

首先在年輕世代（約40歲以下），幾乎全是吃「台獨奶水」長大，約從大漢奸李登輝開始，進行三十多年洗腦教育，獨派控制了所有媒體，天天都在洗腦中成長。說實在的，也有改變的方法，只是誰有這個能耐來解決！

其二是日裔「台獨」問題。日本殖民政府離開後，刻意留下一批人，所產生的「灣生後代」，他們被告知，就是潛伏在台灣的日本人（待命爾後工作）。據聞，這些「假台灣人」現在已有百萬之眾，李登輝、蔡英文、賴清德都是代表人物。

古今中外以來，國家統一都是武力和政治強迫的雙管齊用，所謂「自願性」和平統一，未之有也。所以，兩岸統一已不能寄望台灣會「自願接受統一」，而必須以外部力量的壓迫，武力、政治力、經濟力都拿出來，這就考驗大陸執政者和人民的意志力了！

拾、百歲黃埔老大哥劉華民平凡的一生

劉華民（一九二二—）

原籍：山東曹縣

黃埔21期砲科

劉華民，一九二二年九月，出生在山東曹縣鄉下的一戶窮人家。十三歲時，因父親的二舅父在29軍宋哲元部任連長，宋哲元在部隊辦一所軍官子弟學校，叫育德中學。劉華民因而有機會，入讀育德中學學習。

盧溝橋事變爆發，29軍奮起抗敵，學校解散了。劉華民只好回鄉，不久家鄉也成了淪陷區。他又聽說山東籍將領李仙洲在安徽阜陽，創辦成城中學（後改國立廿二中），他毅然從山東走路到安徽阜陽，入讀成城中學。

一九四四年夏，小日本鬼子打來了，學校被迫向陝南、四川一帶遷移，一批師生走到汝南韓莊遭日軍追殺，死傷慘重。劉華民的另一隊走到河南內鄉縣，遇黃埔西安七分校招生，他考入七分校，成為21期砲科生。

一九四七年底畢業分發到北京傅作義部，不久隨部起義。新中國成立後，他回鄉在中學任教，一九八一年退休，仍在學校擔任義務（志工）音樂老師，有多種樂器都有上台表演或教學的水平。

二〇一五年，他加入了黃埔軍校同學會，省同學會每年都會來探望他兩三次。

二〇二三年，高齡已過百歲的他，仍有最大的願望，在有生之年看到祖國統一，看到中華民族偉大復興的到來。

拾壹、姚國俊人生經歷的「東隅」與「桑榆」

人都要經過許多歲月的洗禮，才會得到一點點領悟或開悟，提升一點點智慧。就拿《後漢書》這句「失之東隅、收之桑榆」，所有中國人都能朗朗上口的成語，沒有到一定的年歲，都難以領悟。姚國俊在六十歲這一天，賦詩感嘆：

不堪回首六十年，世事滄桑自作愆。
少年迷途失東隅，收之桑榆未為晚。

到底姚國俊有什麼「不堪回首六十年」？姚建的文章，〈一位黃埔4期生的人生經歷：記父親姚國俊〉，該文上下兩篇，分刊在北京《黃埔》雜誌二〇二三年第一和第二期，順著他的文章略為介紹。

姚國俊（一九〇四—一九九二）（生年按推述）。出生在陝西禮泉縣農村一個貧苦的私塾先生家裡，陝西省一中畢業後，受到兩個人影響，使他投考黃埔軍校。一個是省一中同班同學張耀明（已先入了黃埔軍校）。另一位是親戚王宗山，長姚國俊八歲，時已擔任軍校校長辦公室英文秘書兼外語教官。

在張耀明和王宗山影響幫助下，一九二五年七月，姚國俊考入了黃埔4期，就學期間學生軍參加了第二次東征，一九二六年十月畢業。他分發到21師（師長嚴重）一六三團（團長陳誠）第1營（營長宋希濂），在第2連擔任連附，北伐準備要開打了。

21師隨東路軍北伐，姚國俊因功升連長。一九二八年春他被派回軍校軍官團學習，是年秋考入位在北平的陸軍大學，一九三一年底畢業，在楊虎城部任軍官訓練班副主任。一九三二年七月，應關麟徵和張耀明要求，楊虎城放行姚國俊，讓他到25師任職。

一九三二年八月，姚國俊接任25師參謀長，次年春25師參加古北口戰役，全師傷亡近四千人，師長關麟徵負傷。一九三七年秋，日軍近十萬人進攻保定，時姚國俊任52軍參謀長，軍長關麟徵，下轄第2師（師長鄭洞國）、第25師（師長張耀明）。此役，敵我都傷亡慘重。

從一九三七年底到一九三八年，52軍奉命配合友軍守衛漳河防線、支援台兒莊血戰，傷亡亦過半，可見戰事之慘烈。一九三九年九月，姚國俊隨剛升任第15集團軍副總司令、代總司令的關麟徵參加第一次長沙會戰，姚國俊任15集團軍參謀長，戰後關麟徵因功升任15集團軍總司令，「湘北大捷」他倆功勞大。

一九四一年初到一九四五年初，姚國俊任52軍25師師長，他率部駐守雲南南部，對遠征軍的滇西作戰，有重要的掩護作用。一九四七年初，38軍奉命開往陝西，不久姚國俊接任該軍軍長。

一九四九年四月底，胡宗南撤銷了姚國俊的38軍軍長職，原因是胡懷疑他和共產黨有關係。（姚和共產黨的關係本文不述）。是年冬，卸職的姚國俊憑著與關麟徵（時任陸軍總司令）和張耀明（時任黃埔軍校校長）的關係，帶家眷在成都安頓，並和裴昌會、郭勛祺等人，一起策動23期的起義。

姚國俊後來把他所經歷，寫了不少文章發表，算是對歷史、對自己，乃至國家、民族的交待或表白。如〈我與軍校關麟徵和張耀明〉、〈黃埔軍校在大陸的最後一期〉等十多篇，約十萬字。後來他的作品又被編入中國文史出版社出版的

《徐州會戰》、《中原抗戰》、《解放戰爭中的西北戰場》、《圍追堵截紅軍長征親歷記》、《我所知道的胡宗南》、《關麟徵將軍》等書籍中，成為珍貴的歷史文獻。

原來姚國俊所說「不堪回首六十年」等感傷，是講他國共之間的「兩難困局」，一方為起義，另方則為叛徒。這個問題到了廿一世紀都是「無解的習題」，按中國歷史的傳統，下一個朝代才有公正的定論（解決）。

第五章　四川黃埔同學風采及其他

壹、北京《黃埔》雜誌二〇一三年第二期文章主題

特別策劃：四川黃埔同學風采

〈張修忠：樂觀人生〉

〈金玉生：永不停止學習的一生〉

〈王友文：我的抗戰人生〉

〈葉敦重：兩代黃埔人、永遠黃埔心〉

〈曾廣文：以赤子之心，書寫「百年印記」〉

兩岸縱橫與軍事天地

朱松嶺，〈推進文化自信自強、鑄就社會主義文化新輝煌〉

鄭旗生，〈兩岸和平發展之障礙與進程〉

吳亞明，〈海峽兩岸大事記二〇二二年十二月—二〇二三年元月〉

石　稼，〈談談航母戰略問題〉（下）

石　評，〈軍語新解〉

黃埔人生：家祭無忘告乃翁

陳　宇，〈黃埔「獨臂將軍」第一人劉疇西〉（上）

林開倫，〈為保衛南京捐軀的青年將軍華品章〉

閆　鋒，〈家祭無望告乃翁：記黃埔同學、民革黨員毛鴻基〉

顧少俊，〈我的部隊在長沙〉

姚　建，〈一位黃埔4期生的人生經歷：記父親姚國俊〉

黃埔歷史研究與黃埔日曆

張玉堂，〈新疆黃埔人的空軍生涯〉

李務起，〈抗戰大片《血戰台兒莊》背後的黃埔故事〉
楊守禮、黃勝利，〈抗日傷殘官兵生產自救的安置事業〉（下）
單補生，〈我珍藏的黃埔生朵含章簽名本《軍隊教育》〉
王翀，〈一寸丹心圖報國：從一枚六分校實寄封說起〉
賈曉明，〈一九二六年五月十日，第三次全國勞動大會、第二次廣東省農民大會及第六次教育代表大會九百餘人到黃埔軍校參觀〉
熊子傑，〈你不知道的台灣：兩岸應知道的台灣歷史故事〉（十二）

貳、參加反攻宜昌之戰和滇西遠征軍抗戰的張修忠

張修忠（一九二二—）
原籍：湖北天門市（原天門縣）
黃埔16期砲科

張修忠，一九三八年正當他十六歲時，考入黃埔16期砲科，編在1總隊學習。

畢業後分發第2軍砲兵營，一九四一年秋，全軍參加反攻宜昌，因日軍施放毒氣，造成很大傷亡。

一九四二年春，第2軍奉命向滇西之元謀、永仁，和貴州之晴隆至盤縣地區集結。年底各部隊到達指定地區集結後，調歸第五集團軍總司令兼昆明防守司令杜聿明指揮，一九四三年元月，第2軍開赴滇西祥雲、下關地區整訓，準備新任務。不久，第2軍又奉令調歸第20集團軍總司令霍揆彰指揮。

第2軍與所轄各師負責江防，軍部進駐順寧雲縣地區，第9師進駐鎮康縣德黨地區，新33師進駐耿馬緬寧，76師進駐順寧雲縣地區。部隊一面訓練備戰，一面更換美式裝備。不久，張修忠接任軍的高射砲連連長。

一九四四年四月，準備強渡怒江反攻時，第2軍臨時改歸11集團軍總司令宋希濂指揮，並任左翼軍參加反攻作戰，最終取得勝利，大快人心！

一九四九年隨第2軍在郫縣起義，新中國成立後，他參與成渝、寶成、川黔等鐵路建設，最後以副總工程師從鐵路系統退休。一九八八年加入四川黃埔軍校同學會，後曾任同學會總會副會長。

參、11歲就有保家衛國信念的金玉生

金玉生（一九二六—）
原籍：河南方城
黃埔七分校19期（本校21期）

金玉生，出生在河南省南陽市方城縣小史店鎮申營村。一九三七年七七事變，此時11歲的他，見小日本鬼子在自己國家領土內燒殺搶掠，就堅定了長大要保家衛國的志向和信念。

一九四六年元月，考入黃埔七分校19期騎兵科（序同本校21期）。一九四七年九月畢業，分發到25師六七五團2營任機槍連的排長。一九四九年底，他隨部隊在灌縣（今都江堰）起義。

新中國成立後的三十年，他的工作都在解放軍的各部隊，最後在後勤單位的訓練處處長退休。後又在軍地兩用人才大學任教十年，培養了許多年輕幹部，學有所用，是他感到自豪的地方。

一九九九年，已73歲的金玉生開始學畫花鳥，82歲學書法。他回顧自己的一生，從小堅定保家衛國的信念，從未後悔，年輕時投身黃埔，年老時堅持學習，活到老學到老，也是金老的信念。

肆、王友文的抗戰人生、難入的黃埔門

王友文（一九二七—）

原籍：四川成都

黃埔七分校軍官班

王友文，不到二十歲的他，眼見大後方成都也被小日本鬼子炸了，有同學、鄰居、親戚被炸死。於是，他是第一批響應「一寸山河一寸血、十萬青年十萬軍」的青年學子。入伍一個月後，就參加了遠征軍，從成都新津機場，直飛到印度阿薩姆邦。

在阿薩姆受訓半年後分科，王友文分在砲科，派到第14師的山砲單位，他好

像沒有碰到什麼激烈的戰役。滇緬公路打通後，部隊又回到雲南、昆明、楚雄等地整訓，一九四四年他又到了湖南芷江。

鬼子投降後，他隨軍到南京、上海負責部分接收工作，又到秦皇島擔任遣返戰俘任務，第一次看到美軍的破冰船，第一次看到北方百姓房子像火車箱。

回到成都他決心考黃埔軍校。第一次考20期他是備取生，第二次又去考21期，他想備取生應先錄取，結果沒有。他在北較場截住招生辦主任李邦藩申訴，李主任答因不招軍官，這種情況已向國防部報告，要他等通知。

不久接到通知，國防部為預備軍官特別成立軍官班，招收現任部隊的連排長，王友文不是現任連排長，還是不合招生條件。李主任幫他出主意，重慶璧山新成立一個師，去那裡「落腳」再進軍校。就這樣，王友文才終於進了黃埔七分校軍官班。

〈王友文：我的抗戰人生〉一文，沒有寫到後來的人生經歷。但有了「黃埔」這個金字招牌，相信也可以在解放軍裡有所作為！

伍、葉敦重：兩代黃埔人、永遠黃埔心

葉敦重（一九三〇—）

原籍：四川宜賓

抗戰爆發的第二年，七八歲的葉小朋友，為躲避日軍轟機，隨大人躲到宜賓郊外山溝裡。但也看到小日本鬼子炸宜賓城，炸死很多老百姓，小小的心靈暗下決心，長大也要殺日本鬼子。

葉敦重的父親在黃埔軍校任19期2總隊軍需官，他就讀黃埔小學。一九四五年他準備考四川大學，正好「陸軍官校第一預備學校」剛成立招生，四月他轉而考入該校，次年校名改「陸軍官校預備班」，班主任徐幼常，預備班畢業後升入22期。

一九四九年九月廿七日，22期畢業，他分發到國防部警衛團，不久也只得隨軍起義了。新中國成立後，他參與修築成渝鐵路，抗美援朝戰爭開打，他在60軍裡當排長，為第二批入朝參戰部隊，一九五一年四月，參加了第五次戰役，右腿曾被迫砲所傷。

一九五三年回國後，在60軍當軍事教研主任。但他更眷戀家鄉，不久回四川在溫江縣糧食局任股長。後加入黃埔同學會任理事，致力於兩岸同學的連繫，黃幸強將軍是22期，他們有過交流，人生際遇雖各不同，惟黃埔同學身分，彼此依然心意相連。

陸、《百年印記》：曾廣文的人生燦爛風景

曾廣文（一九三〇—）

原籍：四川廣漢

黃埔23期步科

曾廣文，就讀於南京國民革命軍遺族學校時，因時局不安準備遷台灣，因他是家中唯一男丁，故不想去台灣，正好南京黃埔軍校招生，就去報考，考上了回成都本校。他足足走了三個月，一九四九年元月，走到成都本校成為23期步科生，

編在第三中隊。

關於陸官（黃埔）23期，我在《廣州黃埔到鳳山黃埔：44期畢業50週年暨黃埔建校建軍百年紀念》一書，二〇二三年八月由台北文史哲出版社出版。該書第七章〈為什麼以前沒聽過黃埔23期〉一文，有略為簡述。該期學生才將要畢業，成都已失守，只得隨學校長官起義了！

對台灣黃埔人而言，23期也許是最悲情的一期。對留在大陸的23期生而言，也許是幸運的，他們仍和家人相聚，也能落葉歸根。若來台灣，一輩子苦苦的鄉愁，雖也可能榮華富貴，最終還是客死他鄉。啊！大時代的潮流，推著人走，人似乎都身不由己！

曾廣文後來在解放軍當了很久的文化教師。解放軍工農居多，有很多文化程度很低，提高文化水平成為當務之急。他的學生中還有很多連營長，一九八〇年他被調到成都大學，幾年後任成都大學圖書館副館長。

四川黃埔同學會成立時，他被選為理事，又兼副秘書長。於是他離開成都大學，專心在黃埔同學會工作，直到退休，退休後仍任省黃埔同學會副會長。

二〇〇六年，他率省同學會一行十九人，來台參訪遊覽，還寫了一本遊記《這裡的星光燦爛》，寄給各地的黃埔同學。八十三歲時，自費出版了《百年印記》一書，相信他的「印記」是燦爛的，因為他心中燦爛，所見就都是燦爛的風景。

柒、《高品華章》：保衛南京捐軀的青年將軍華品章

華品章（一九〇一—一九三七）

原籍：四川省西昌市

黃埔5期砲科

華品章，出生在四川省西昌市西鄉鳳凰村一個極貧困的家庭。他和堂弟華繼明（翰章）先後到成都，堂弟去了四川高師範，他進了成都軍士教導大隊，之後從軍當過排連長。一九二六年考入廣州黃埔5期砲科。

畢業後參加了北伐、抗日。一九三五年，華品章升任72軍88師二六二旅五二四團團長，他治軍嚴明，為當地人民讚揚。一九三六年底，為抗日備戰，他被調到江蘇無錫榮巷，建立軍士教導大隊，練兵準備作戰。

七七事變後，日軍大舉進攻上海，華品章所在72軍88師奉命參加淞滬會戰，上海失陷後，日軍三路圍攻南京。一九三七年十一月，88師二六二旅奉命鎮守南京雨花台、中華門一線，時華品章任二六二旅副旅長兼野戰補充團團長。88師師長是由72軍軍長孫元良兼任。

一九三七年十二月八、九日，日軍以海陸空同時猛攻南京城，砲彈如雨下在二六二旅陣地上，官兵死守陣地，一次又一次擊退大批日軍衝鋒。九日上午，日軍一度攻佔光華門，又被二六二旅官兵奪回。

日軍見雨花台、中華門、光華門被中國守軍死死守住，又增調兩個聯隊來助攻，二六二旅在二六四旅旅長高致嵩率部增援下，才再一次擊退日軍。十日晨起，日軍再以飛機大砲轟炸雨花台，兩個聯隊猛攻，華品章率官兵守住了陣地。

十一日，戰況更激烈。這天，二六二旅、二六四旅，連工兵營，全都上火線。十二日，日軍瘋狂猛攻，以飛機大砲掩護下，雨花台、中華門、光華門被攻破了。華品章率全部官兵決心與陣地共存亡，終因內無糧彈、外無援軍，為國捐軀。這一天是一九三七年十二月十二日，他年僅36歲。

俗言「忠孝不能兩全」。華品章從一九一九年離家到捐軀雨花台，十八年沒有回家一次，母親盼子歸來，眼也盼瞎了。一九三七年五月，他本要回家料理母親後事，又因七七事變未能成行……

為紀念這位西昌抗日將領，二〇〇五年，西昌市人民政府在瀘山風景區，修建了「華品章將軍紀念碑」。二〇一二年，又在他的故居西鄉鳳凰村修建「華品章紀念廣場」，雕刻了華品章石像。

二〇一四年春，涼山檔案局、西昌市檔案局、涼山電視台等，依據史料拍攝了《高品華章》兩集專題片，以啟示並教育我們代代中華兒女。

捌、家祭無忘告乃翁：毛鴻基最大的遺憾沒能看到統一

毛鴻基（一九一六—二〇〇一）

原籍：浙江杭州

黃埔4分校17期通訊科

毛鴻基，一九一六年三月十九日出生，二〇〇一年七月十三日去世，享年八

十五歲。他臨終遺願是，祖國統一日，「家祭無忘告乃翁」。

一九三一年，毛鴻基在南京交通兵團無線電教導大隊當兵，一九三三年調重慶，後調江西南城配屬36軍。一九三六年，調南京通訊兵1團獨立營4連任上尉排附。七七事變後，他所在的電台擔任防空通訊任務，主要聯絡江、浙、皖三省防空指揮部，收集日軍飛機信息。

一九三八年，通信兵團整編，他曾調到桂林、重慶。一九四一年，他考入黃埔4分校17期通訊科，畢業後分發到桂林軍委會電訊大隊任上尉分隊長。一九四四年夏調貴陽，一九四六年調武昌聯勤總部，先後都負責通訊業務，一九四九年任國防部通訊署總台任台長，不久，隨總部在重慶起義。

新中國成立後，一九五五年他轉業，到太原水土保持站工作。此後他的貢獻都在水利、灌溉方面，一九八八年，從山西汾河水利管理局退休。

身為黃埔同學的一員，毛鴻基也始終銘記黃埔人的使命，以促進國家統一為人生最後理想。他生前曾告訴兒女，這一生最大的遺憾是沒有看到祖國統一，沒能到台北給大哥上柱香。（他大哥毛鴻崗一九四六年去了台灣）希望兒女在祖國統一之日，「家祭無忘告乃翁」。

毛鴻基的遺憾，應該也是幾百萬、甚至幾千萬，一九四九年兩岸分裂後，許多中國人盼望統一，而終究尚未統一，人就先取得了西方極樂國簽證。包含毛澤東、蔣介石、先父……多少先行的中國人都未能看到國家統一。筆者雖已古稀之年，自信是可以看到統一之日，這一天不會等太久了，讓賴清德當選，這一天來得更快！

玖、仍在堅守陣地、準備大砍鬼子的老人孫建勛

孫建勛（一九二一—）

原籍：江蘇高淳

黃埔21期步科

顧少俊在〈我的部隊在長沙〉一文，講的是黃埔21期的孫建勛，但時空背景、年代、經歷都沒有交代，只記錄一些孫老先生的「自言自語」，有點像夢話。原因是現在的孫建勛，實際上仍活在七十多年前戰場上的陣地內，這是不是某種病？

不得而知，抄錄幾段問答。

「您部隊的悉號是什麼？」

「部隊！我的部隊在長沙。」答完後，孫建勛自顧自地接著說，「我是連長，我們陣地沒有丟。白天，鬼子把陣地搶過去，我晚上帶敢死隊又把陣地奪回來……大刀砍卷口了，就撿起犧牲戰友的大刀繼續砍，最後一個連只剩下兩個人……陣地沒有丟！長官交待的，人在，陣地在！」

「一個連只剩下兩個人……」說著眼圈紅了。

有一回，兒媳婦出門買菜，回來發現孫建勛不在，趕緊出去找，最後在離村很遠的地方找到。問老人去哪裡？他說：「去長沙，打鬼子！這次鬼子兵力多，戰事緊。我們團要擔任主攻，薛岳點名讓我擔任主攻團團長。」

兒媳婦說，有一次老人在屋裡看書，突然往外跑。邊跑邊說：「長沙告急！長沙告急！鬼子已過新牆河……陣地不能丟……」

又一次，孫建勛跑到街上，攔下一部車，急切的說：「我的部隊在長沙，送我去長沙……直奔新牆河陣地！」司機是轉業軍人，他從車上下來，發現了孫建勛背上有個手機號碼。他掏出手機，對孫建勛說：「別急，我讓你部隊長官來接你。」隨即打電話給他兒子。這位好心的司機一直等到孫建勛的兒子趕到才離開。

分手時，司機還向孫建勛行個軍禮說：「你是軍人，我也是軍人，我敬重你！」

這一年，孫建勛85歲了。

按顧少俊在該文所述，孫建勛原名孫秀清，入伍才改建勛。考入黃埔21期一總隊步科，參加過長沙會戰、常德會戰、衡陽保衛戰。七十年前，「人在，陣地在！」的命令，至今仍在他心中牢記，七十多年過去了！他仍堅守著陣地！隨時準備拿起大刀砍死入侵的鬼子！

拾、新疆黃埔人張玉堂的空軍生涯

張玉堂（一九一五—二〇一〇）

原籍：新疆迪化

新疆黃埔九分校一期（比序黃埔本校8期）

張玉堂，出生在新疆迪化（今烏魯木齊），祖籍是陝西漢中。14歲考入新疆陸軍軍官學校第一期，畢業後參加兩次哈密戰爭。一九三三年，任新疆督辦公署衛隊2團8連連長，次年任新疆第一騎兵混成旅第4騎兵團團長。一九三六年，考入新疆航空大隊飛行第2期。

一九三八年九月，航隊畢業留校，先後任教官、中隊長。一九四三年，國民政府空軍十六總站在迪化成立，任少校飛行員。一九四九年九月，參加陶峙岳將軍領導的和平起義，十二月任解放軍六航校2團2大隊飛行大隊長，一九七三年離休，二〇一〇年十一月病逝。

當一九四九年四月時，空軍已安排少校以上人員向台灣撤退。但他心裡很清楚，國民黨「氣數已盡」，再說一個人去台灣，一大家子在新疆怎麼辦？乃決定以接家眷為由，回到了迪化。

雖然回家了，他卻成了無業遊民。一九四九年六月，經航空隊好友推薦，加入中共在迪化的外圍組織「先鋒社」，並任第三小組長，參與新疆的和平解放。

拾壹、于右任贈墨寶、張大千贈畫作的朵含章

朵含章（一九一〇—一九五一）

原籍：青海門源

黃埔10期砲科

朵含章，別號明正。名取《易經》含章可貞之「含章」，號出《文心雕龍》明正事理之「明正」，生長於藏族牧民家庭，自幼聰明好學，心懷家國。後黨國元老于右任，曾贈他墨寶「日月千齡旦、河山萬族春」。

一九三一年從軍，入陸軍新編第9師，繼入師辦青海軍事政治學校，結業任師工兵營中尉軍需。一九三三年八月，朵含章保送入南京黃埔10期砲科，一九三七年元月畢業回青海服務，歷任一〇〇師副官處長、82軍上校書記處長。

通常砲科軍官，對所用火砲的操作和機械原理等，有一定程度的了解，這是本科專業。但說到編著則要有專家的水平，朵含章曾和同窗保存動，合編著《最新卜福斯山砲的說明與操作》一書，南京軍用圖書社於一九三七年出版。可見朵含章的本科專業很高，達到專家的高度，才敢於著述。

一九四〇年，他入讀在重慶的陸軍大學特別班5期，一九四二年七月畢業回青。先後任職40集團軍總司令部少將高參、軍法處長，青海保安司令部政治部少將主任，西北軍政長官公署少將高參，行憲國民大會青海省代表等重要職務。

一九四九年，朵含章已經到了台灣，後又念在鄉妻兒老小，再隻身乘機回大陸。先後擔任青海省府委員、參事、省軍區參議，並被選為青海少數民族代表，出席省第一屆人民代表大會。

朵含章頗有古代文人之風，于右任贈墨寶，國畫大師張大千贈畫作。其交誼尚有吳敬恒、張之江等前輩，每省親乘騎到村口外必下馬步行，其「敬老慈幼、無忘賓旅」之美德，亦傳頌後世。

拾貳、孫生芝的回憶

孫生芝（一九〇七—一九八五）

原籍：山東高唐

黃埔2期砲科

單補生在〈我珍藏的黃埔生朵含章簽名本《軍隊教育》〉一文，尚提到二位黃埔前輩，孫生芝和習世祥，資料雖僅少許，仍依其所記簡介。

「八一三」淞滬抗戰爆發後，孫生芝任陸軍砲兵第2旅（蔡忠笏）第2團團長，九月初接事。時2團有兩個營6個連和直屬部隊，第1營3個連全部在浦東參戰。

第2營第4連在杭州灣之澉浦，第5連在澉浦以北乍浦，第6連在金山衛駐防。全團有德製卜福斯山砲二十四門，團部和直屬部隊駐平湖縣城，孫接事後，推進到閔行。因浦東戰況激烈，孫常駐浦東。

一九三七年九、十月間，浦東砲兵多次以單砲小分隊，夜襲吳淞日軍基地、倉庫、碼頭和船隻。九月十八日，配合空軍夜襲，擊中黃浦江上敵旗艦「出雲號」，並擊毀敵艦多艘。

十月的一個夜晚，又奉命奇襲日軍機場（原浦西高爾夫球場），擊毀、擊傷敵機十二架。為此，第三戰區副司令長官顧祝同，多次以電話請浦東的第8集團軍總司令張發奎，傳令嘉獎孫生芝的第1營。當時上海報刊對浦東砲兵，譽稱「浦東神砲」。

拾參、同死共生的三個黃埔人：習世祥、鄭崇城和黃君材

習世祥是河北平山人，一九三四年九月，考入南京黃埔11期砲科，編在第一總隊，一九三七年八月畢業。九月初，11期的習世祥、鄭崇城（察哈爾赤城人）、黃君材（廣東龍川人），奉命到砲校練習營第2連報到。

三人在校同隊同班，到第2連分別擔任連附和1、2排排長，仍一起生活，共同戰鬥，他們都把「卜福斯」山砲視同生命般愛惜。三人情同手足，同甘共苦，官兵結成一個堅強的戰鬥體。

一九三七年十一月五日，大批日軍登陸杭州灣，練習營第2連奉命轉進南京，參加南京保衛戰，2連在雨花台佔領陣地。南京保衛戰因國軍指揮和部署失誤，很快陷入慘敗和混亂！

在大混亂中，三人所帶部隊也陷入困境。三人在郊外的樹林裡商議：「棄砲逃生，人分散未必能生；救砲則目標加大，人砲均不易保存，如之奈何？」

很快三人有了共識，認為黃埔軍人以愛護武器為天職，與火砲共存亡，不能棄砲逃生。於是三人決心「三人生卜福斯存，三人亡卜福斯毀」，他們利用木板修整破船，竟然神奇的把四門卜福斯山砲運到了長江北岸，人砲都在死境中得以重生。

南京淪陷後，政府各部門群集武漢，砲校遷駐零陵。他們三人帶著火砲行軍到湖南，教育長聞訊，傳令嘉獎歸來官兵，三人各獲法幣一千元，當即捐獻抗日救國。三人各升一級，分任第1、2連和警衛連連長。稍事休整後，四門卜福斯山砲又投入武漢大會戰。

第六章 鄂西會戰八十週年紀念

抗戰到了一九四三年五月，日軍為了達到「爭取中國內河船舶」「以供軍事運輸，藉補目下船舶噸位之不足」，並「消滅揚子江右岸中國第六戰區野戰軍」之目的。日軍發動鄂西會戰（日方稱江南殲滅戰）。

在許多戰史都已詳述，不再贅列鄂西會戰雙方兵力、經過。國軍第六戰區，有長江上游江防軍、第10、26、29、33集團軍。

鄂西會戰從一九四三年五月四日開打，到六月十八日結束。憑藉長江、山地等有利地形和依託，先期持守勢作戰，再轉攻勢作戰，追擊撤退日軍，恢復所失陣地。

壹、北京《黃埔》雜誌二〇二三年第三期文章主題

特別策劃：紀念鄂西會戰80週年

馬興達、徐碩，〈鄂西會戰綜述〉

張小源，〈參加鄂西會戰中國軍隊師級以上黃埔師生名錄〉（不完全統計）

張小源，〈鄂西會戰中的陳誠與胡璉〉

鄭慶元，〈乜子彬與「陸軍第31師抗敵各戰役陣亡將士紀念碑」〉

兩岸縱橫與軍事天地

鍾厚濤，〈全過程人民民主：為世界政治文明貢獻中國智慧〉

彭　韜，〈俄烏衝突帶給台灣的警示〉

吳亞明，〈海峽兩岸大事記二〇二三年二—三月〉

石　稼，〈軍工解碼：戰鬥機的前世今生〉（上）

石　評，〈軍語新解〉

黃埔人物與黃埔傳承

馮　傑，〈抗戰時期的鄭洞國將軍〉

呂東來，〈鄭洞國將軍鏖戰台兒莊〉

陳　宇，〈黃埔「獨臂將軍」第一人劉疇西〉（下）

顧少俊，〈萬里赴戎機、淡定度晚年：黃埔抗戰老兵王金生憶往事〉

趙鳳玲，〈張光榮所經歷的滕縣保衛戰〉

邊　宏，〈父親和母親的情感之路〉

陳正烈，〈晃耀後人、一生光明：追憶我的慈父陳晃明〉

黃埔往事與歷史研究

蒲　元、王　翀，〈鮮為人知的寶雞抗戰榮譽軍人教養院〉

張銘玉，〈黃埔軍校初創最困難時，張難先做了什麼〉

曾慶榴，〈關於熊雄與黃埔軍校研究的幾個問題〉

單補生，〈淺談黃埔軍校騎兵教育沿革〉（上）

賈曉明，〈一九二六年五月十一日，黃埔軍校在《廣州民國日報》刊登《血花劇社緊要啟事》，宣布對血花劇社改組〉

李務起，〈孫中山書法藝術探析〉

熊子傑，〈你不知道的台灣：兩岸應知道的台灣歷史故事〉（十三）

貳、鄂西會戰師級以上黃埔師生名錄（不完全統計）

鄂西會戰中國軍隊戰鬥序列　(1943年5月—6月)

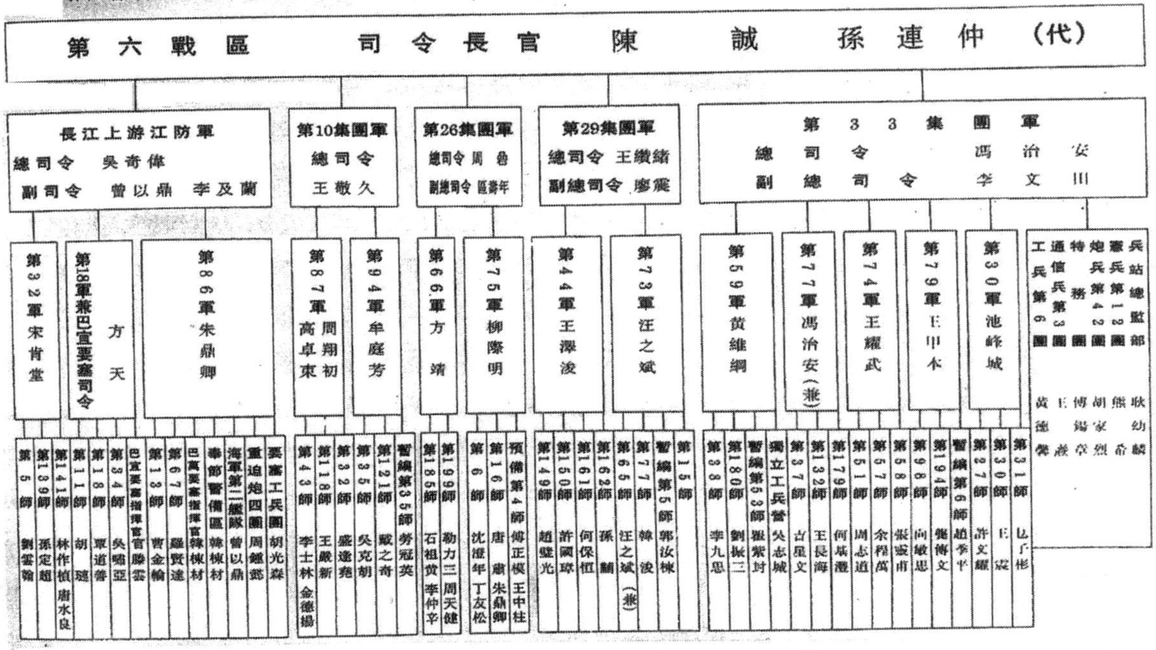

資料來源：北京《黃埔》雜誌2023年第3期，頁11

陳誠：浙江青田人。保定軍校8期，一九二四年到黃埔軍校，歷任多項職，鄂西會戰時，兼任第六戰區司令長官。

（長江上游江防軍）

李及蘭：廣東陽山人，黃埔1期，一九三六年任第49師師長，鄂西會戰時，任江防軍副總司令。

方日英：廣東中山人，黃埔1期步科。一九四二年，任86軍副軍長，鄂西會戰時任江防軍86軍軍長。

方　天：江西贛縣人，黃埔2期工兵科。一九四四年，任20集團軍副總司令兼54軍軍長。鄂西會戰時任江防軍18軍軍長兼巴宜要塞守備司令。

滕　雲：廣西南寧人，黃埔2期砲科。一九四八年授少將軍銜。鄂西會戰任18軍巴宜要塞區指揮官。

金亦吾：湖北京山人，黃埔3期步科，曾任江防局少將副局長等，鄂西會戰任86軍暫編32師師長。

曹金輪：貴州遵義人，黃埔4期步科。一九四〇年任86軍13師師長，鄂西會戰即任86軍13師師長。

胡　璉：陝西華縣人，黃埔4期步科。鄂西會戰時，任18軍11師師長，守石牌要塞有功獲青天白日勳章。

覃道善：湖南石門人，黃埔4期步科。曾任76師副師長，鄂西會戰時，任18軍18師師長。

吳嘯亞：浙江青田人，黃埔4期工兵科。歷任青年軍34師師長等，鄂西會戰任18軍暫34師師長。

孫定超：湖北漢陽人，黃埔6期中隊長，曾任32軍副軍長，鄂西會戰任32軍第一三九師師長。

劉雲瀚：江西大庾人，黃埔7期工兵科。曾任遠征軍司令部副參謀長，鄂西會戰任32軍5師師長。

羅賢達：湖南長沙人，黃埔三分校5期砲科。曾任11師副師長等，鄂西會戰任86軍67師代師長。

池峰城：河北景縣人，黃埔高教班2期。任長江上游江防軍副總司令等，鄂西會戰任30軍軍長。

乜子彬：河北景縣人，黃埔高教班2期。曾任92軍副軍長，鄂西會戰時，任30軍31師師長。

林作楨：山西安邑人，黃埔高教班2期。一九三六年授少將銜，鄂西會戰時，任32軍一四一師師長。

許文耀：河北徐水人，黃埔高教班4期。曾任55軍副軍長，鄂西會戰時，任30軍27師師長。

（第10集團軍）

王敬久：江蘇豐縣人，黃埔1期步科。一九三七年任71軍軍長，鄂西會戰時，任第10集團軍總司令。

彭　善：湖北黃陂人，黃埔1期，曾任18軍軍長等。鄂西會戰時，任第10集團軍副總司令。

牟廷芳：貴州朗岱人，黃埔1期。一九四〇年任94軍副軍長，鄂西會戰時，任94軍軍長。

王　嚴：山東郯城人，黃埔3期。曾任18軍副軍長等，鄂西會戰時，任87軍第一一八師師長。

向敏思：湖南永順人，黃埔4期步科。曾任18軍14師42旅少將旅長等，鄂西會戰任79軍98師師長。

趙季平：湖南桃源人，黃埔4期。曾任70軍一二八師參謀長，鄂西會戰任79軍暫6師師長。

勞冠英：廣西合浦人，黃埔5期步科。曾任浙江保安司令部第1縱隊司令，鄂西會戰任94軍暫35師師長。

吳光朝：湖南平江人，黃埔6期。曾任第六戰區司令長官部高參等，鄂西會戰任94軍55師師長。

戴之奇：貴州興義人，黃埔潮州分校2期步科。畢業後終生從軍，鄂西會戰任94軍一二一師師長。

龔傳文：雲南鳳慶人，黃埔5期幹訓班。曾任一四九師師長等，鄂西會戰任79軍一九四師師長。

王甲本：雲南富源人，黃埔高教班3期。鄂西會戰任79軍軍長，一九四四年與日軍作戰中壯烈殉國，國民政府追贈中將。

李士林：河北蠡縣人，黃埔七分校17期13大隊少將總隊長。鄂西會戰時，任87軍43師師長。

（第26集團軍）

柳際明：浙江臨海人，黃埔軍校工兵科教官。曾任55師師長等，鄂西會戰時，任75軍軍長。

方　靖：江蘇江都人，黃埔潮州分校2期。曾任13師師長等，鄂西會戰時，任66軍軍長。

王中柱：湖南祁陽人，黃埔3期步科。曾任18軍11師少將旅長等，鄂西會戰任75軍預4師師長。

靳力三：山西安邑人，黃埔4期。鄂西會戰時，任66軍一九九師師長，一九四八年授少將銜。

沈澄年：浙江余姚人，黃埔5期步科。曾任75軍副軍長等，鄂西會戰時，任75軍第6師師長。

唐　肅：湖南邵陽人，黃埔6期。鄂西會戰時，任75軍16師師長，一九四八年授少將軍銜。

石祖黃：湖南邵陽人，黃埔6期。曾任長江上游江防總指揮部參謀長，鄂西會戰任66軍一八五師師長。

（第29集團軍）

韓　浚：湖北黃岡人，黃埔1期，曾任3期區隊長、4期生的連長。鄂西會戰時，任73軍77師師長。

許國璋：四川成都人，黃埔5期。鄂西會戰時，任44軍一五〇師師長。一九四三年十一月，在常德激戰中受重傷，自戕殉國。一九四四年二月，政府追授中將。

郭汝瑰：四川銅梁人，黃埔5期。曾任22兵團司令等職，鄂西會戰時，任73軍暫5師師長。

王澤浚：四川西充人，黃埔高教班6期。曾任一四九師四四七旅少將旅長，鄂西會戰任44軍軍長。

（第33集團軍）

余程萬：廣東台山人，黃埔1期。曾任49師團長等職，鄂西會戰時，任第74軍第57師師長。

劉振三：河北故城人，黃埔2期。鄂西會戰時，任59軍一八〇師師長，一九四八年授中將軍銜。

王耀武：山東泰安人，黃埔3期。曾任51師師長等職，鄂西會戰時，任33集團軍74軍軍長。

周志道：江西永新人，黃埔4期。曾任51師一五一旅少將旅長，鄂西會戰時，任74軍51師師長。

張靈甫：陝西長安人，黃埔4期步科。鄂西會戰時，任74軍58師師長，國共內戰時，兵敗殉國。

吉星文：河南扶溝人，黃埔5期。七七事變打響第一槍，鄂西會戰時，任77軍37師師長。

李九思：河南鄧縣人，黃埔高教班8期。一九三三年參加長城抗戰，鄂西會戰時，任59軍38師師長。

參、乜子彬與「陸軍第三十一師抗敵各戰役陣亡將士紀念碑」

乜子彬（乜，音同聶）（一九〇一－一九五一）

原籍：河北景縣

黃埔高教班2期

乜子彬，字森昌，一九〇一年三月十四日，出生在河北省景縣劉鎮乜村。一九三四年九月，從黃埔高教班2期畢業，抗戰爆發時任30軍31師91旅一八一團團長，先後參加北京房山、山西娘子關等戰役。

一九三八年初，乜子彬任31師93旅旅長，三月，31師奉命馳援台兒莊大戰。此後又參加武漢會戰、隨棗會戰、棗宜會戰等，均立有戰功，一九四〇年升任31師師長。勝利後曾任警備司令等，一九五一年病逝於台灣。

一九四三年，石牌保衛戰後，31師受命換防石牌。駐防期間，乜子彬在周邊山崖留有「還我河山」「爭取勝利」的手書石刻外，還修建「陸軍第三十一師抗敵各戰役陣亡將士紀念碑」，銘記軍民浴血奮戰，悼念陣亡將士。現抄錄碑文，流傳千秋：

> 溯自七七事變，抗戰軍興，本師馳驅南北，喋血疆場。首創敵於房山，繼告捷於娘子關。廿七年春，台兒莊會戰，以訓練未滿三月之兵，擋敵精銳強悍之師，我官兵猶能堅守半城於一壁一室間，火光熊熊中搏鬥苦撐，開巷戰未有之先河，遂造成輝煌之戰績。同年秋，敵犯武漢，師再布陣於大別山，孤軍苦戰，力卻強敵，浴血搏鬥達十八晝夜，士氣之壯，犧牲之烈，可動天地而泣鬼神。□如廿八冬，摧堅破銳，桐棗蕩寇，勢如破竹。荊當逐北，殲敵於襄水花孝，挺進揚威於淮源。凡此諸

役，我忠勇將士為國犧牲者達萬餘人。三十二年夏，師於豫南受命援鄂，銜枚急趨，冒暑長征，迨達陣地，適敵潰竄，而我近萬健兒咸以未能參戰為憾。旋奉命接防石牌，扼守要塞，肩荷重寄，以懼以榮。十一月十八日，為策應常德會戰，九十一團二營五連攻擊中堡山，官兵神勇，力搏敵壘，前仆後繼，爭相先登，受傷不退，裹創殺敵者幾十餘人，尤屬英烈。三十三年六月，湘省戰起，攻勢再興，我九十二團第三營，累取翠福山，九、十兩日，先後猛攻，克敵堅堡四座，官兵凱唱，士氣鼓舞。方期一舉，掃蕩□□，直搗宜沙，乃以戰略所關，功虧一簣，而官兵殉國者又近百數餘。躬親戰陣，靡役不從，袍澤殺敵之勇，犧牲之烈，歷歷在目。每當風暗晦冢，兀然門室，緬懷忠良，憂戚無已。爰於石牌西側，四方山之陽擇地，鳩工築公墓於其上，策劃經營兩月告成。從此忠骸有寄，九原歡騰，上撫中樞崇德報功之意，下酬烈士成功成仁之舉。仰樹枕戈待旦之風，並作同仇敵愾之氣，豈僅以武功彪炳寰宇也哉！謹述顛末，而□是邦人士觀感雲爾。

師長 乜子彬 謹志

一九四四年八月十三日立

此碑文詳述第31師在參加抗日各戰役，以及立碑（塔）的經過，再現將士之英雄壯舉。讀之動感於心，正是所謂：「石牌巍峨，江水奔流；黃埔精神，天長地久！」黃埔精神，就是中華民族之民族主義、民族精神，永在神州大地，永垂不朽！

肆、王金生：一個平凡黃埔人的不平凡人生

王金生（一九二二—）

原籍：山東沂水

黃埔17期步科

黃埔軍校在大陸時期，一到廿二期，包含分校和短期班隊，共有畢業生二十

萬餘人，大約有十九萬黃埔生在抗日戰場陣亡，成為無名英雄。能留下一個名字，讓後人知道他的事功，是極稀少的，就像王金生，只是一個平凡的黃埔人，也有不平凡的人生。

一九三八年二月，山東沂水已經淪陷。王金生聽說山東省政府在沂水縣西北東里店收容失學青年，他趕到東里店，見到省主席沈鴻烈。沈鴻烈鼓勵青年們去成都考軍校，學好本領，把小日本鬼子趕出中國領土。

王金生和一些青年，開始千辛萬苦走向成都。途中還遇到日軍轟炸、屠殺，尚未進校門就死在半路上，到一九四〇年春，王金生終於趕到成都，考入黃埔17期步科。一九四二年春，他畢業分發到第9軍輜重團2營5連，先後任排長、連長。

第9軍隸屬14集團軍，總司令是劉茂恩。一九四四年春，王金生調任司令部，當劉茂恩的少校侍從副官兼參謀，司令部在洛陽外一山村裡。不久日軍大舉攻打洛陽，14集團軍傷亡慘重，王金生陪劉茂恩幾天幾夜沒合眼。

王金生剛調司令部，警衛營長宋輝就向他介紹劉茂恩的個性，講了在中條山戰役的事，當時日軍已包圍了指揮部。宋輝勸劉茂恩乘夜穿便衣逃出。劉茂恩說：「我堂堂國軍司令，沙場捐軀，死亦光榮，豈可換便衣偷生，讓倭寇恥笑。」欲拔槍自殺，被宋輝死死抱住。幸好天降大雨，劉茂恩僥倖脫險。

這次在洛陽的指揮部被日軍包圍，也很危急。宋輝暗示王金生，要看住劉茂恩，宋輝將警衛營尚能戰鬥的人，有一百五十人，分三組突圍。宋輝帶50個敢死隊打頭陣，第2組保護劉茂恩和司令部人員，第三組斷後。他們突圍出去了，在內鄉縣丹水鎮集合，但傷亡慘重。

一九四四年底，劉茂恩任河南省主席兼省警備總司令，王金生負責保管他的大印。一九四五年春，老河口戰役打得慘烈，王金生的同學徐澤濱營長，受重傷後送到陸軍的傷兵醫院，後來就沒有他消息。

王金生回憶，有一天，學校放電影《文天祥》，看完電影回宿舍。徐澤濱對王金生說：「我要向文天祥學習，將來如果我戰死沙場，拜託你照顧我父母。」此後，王金生一直在找徐澤濱及其家人，二〇一五年曾在《黃埔》刊登「尋人啟事」，仍沒有任何音訊。

在大陸時期畢業的二十多萬黃埔生，九成以上（營連級以下基層軍官），都像這位徐澤濱一樣，在抗日戰場上突然「音訊全無」。後人皆不知其事蹟，或頂多只知道一個名字。啊！因為有眾多無名英雄，中華民族得以崛起，中國夢得以實現。

王金生也是，只是一個平凡的黃埔人，官階不高，沒有什麼豐功偉業。但他保護了長官，讓長官做出正確的決心，最終取得勝利，他予有功焉。再者，他參與抗日大戰，是他生命的亮點，是他不平凡的地方。

伍、趙鳳玲，〈張光榮所經歷的滕縣保衛戰〉

張光榮（一九一六—）

原籍：四川蒼溪縣

黃埔成都分校一期

張光榮，原名張廷榮，一九一六年八月廿九日，出生在四川蒼溪縣槐樹驛張家溝，一個破落的「書香之家」。一九三一年，因生活無著，考入29軍軍事教導團學兵隊步兵科。

一九三五年，他又考入黃埔成都分校一期。畢業後分發到川軍22集團軍41軍一二四師三七二旅七四四團砲兵連任少尉排長,不久與日軍作戰有功升中尉排長。一九三八年,他任三七二旅七四三團迫砲連代連長。二月,日軍進犯山東,南渡黃河,為防止日軍進攻徐州,張光榮所在的22集團軍41軍(下轄一二二師和一二四師),被調到滕縣禦敵。

川軍22集團軍屬「乙種軍編制」,即每軍兩個師,每師兩個旅,每旅兩個團,加上在晉東作戰傷亡過半,所以集團軍總兵力不到兩萬人。川軍裝備也很落後,只有四川土造步槍、手榴彈等。

到達滕縣後,一二二師師長王銘章被任命為41軍前方總指揮,統一指揮一二二師和一二四師。一九三八年三月初,日軍沿津浦路兩側南進,濟寧的日軍向太平橋、大崗進犯。一二四師三七二旅七四三團奉命急行軍,趕到滕縣西北的池頭集,占領池頭集正北的石頭山。

張光榮和戰友們趕到,陣地尚未布好,日軍的飛機、大砲已先猛烈轟炸,並發起多波衝鋒,七四三團傷亡慘重。一九三八年三月十五日,日軍已快迫近滕縣城。三月十六日整天,日軍飛機大砲分別向東、西、南關及城內,密集轟炸。到十七日,王銘章師長、參謀長趙渭賓、一二四師參謀長鄒慕陶等均已陣亡,中國守軍死傷慘重，滕縣失守。

滕縣失守，第22集團軍犧牲七千多人，斃傷日軍二千多人。吾國守軍雖死傷慘重，仍有極崇高的價值，如李宗仁在他的回憶錄說：「若無滕縣之苦守，焉有台兒莊之大捷？臨沂、滕縣兩役，都是台兒莊大捷前最光輝的序幕戰役。」

張光榮率領三百多人突圍出城，被同是突圍出城的一二四師三七二旅旅長曾蘇元收容。後來李宗仁視察川軍，看見和曾蘇元旅長在一起的張光榮（當時叫張廷榮），問過他的名字後，感慨道：「半壁江山，廷何以榮？戮盡倭寇，吾族方榮！」並給他重新取名張光榮。

陸、黃埔23期邊長泰的新人生和天命愛人程慧英

邊宏的〈父親和母親的情感之路〉一文，內容與黃埔原本無關。但因其中父親邊長泰是黃埔23期，一切就變成有關係。

說到黃埔23期，對後來在台灣成長的黃埔人而言，都共認是最悲情的一期，相信很多老一輩黃埔人都知道，老校長蔣公想到23期就傷心。但對留在大陸的23期

生而言，也許是更大的機會，帶來更好的命運，可以有一個平凡又溫暖的人生，如這位邊長泰。

邊宏的文章，從一九五一年春說起。瀋陽新民縣城光明照相館，擺放著一張青年男女的合影，男士英俊儒雅，女士秀氣賢慧，這就是邊宏的父母，邊長泰和程慧英，那張相片是他倆私定終身的訂婚紀念照，時間是一九五一年五月八日。

回顧一九四九年十二月底，成都已經失守，即將畢業的23期已無處可去，李永中、蕭平波和蕭步鵬三位軍校長官帶著23期生起義了。起義後的23期生，有的加入解放軍，有回家種田，據聞有幾十人經香港來到台灣，也沒有進入部隊，不知所終！

邊長泰走出一條新人生路，又有天命愛人程慧英相伴一生，程慧英又能「以夫為天」，幸福啊！人生有此，夫復何求？他沒有選擇從軍，考入東北財經學院（今稱東北財經大學）。後潛心教學著述，桃李滿園，也能積極參政議政，這是人生的自我實現了。

而當妻子的程慧英，永遠在背後支持著丈夫。最驚贊的是，由她工作掙錢資助丈夫求學，文革時丈夫下鄉，她也帶著孩子隨夫下放。後來她更資助邊程兩個家族許多人完成大學學業，有這種義行的女子，在我們中國上下幾千年歷史，可能也沒有幾人！

按邊宏文章所述，母親已經過世，父親邊長泰若在應也九十多了。這幾年，每年都有幾個同學親友離世，讓我對生死開始「有感」，但想來也很自然，一代代人來了！一代代人走了。來了就來了！走了就走了！也別想太多，是我這幾年的心態，趕快把想做的事完成，才要緊！

第七章　搶救朝鮮的黃埔師生

由於歷史和地緣戰略（主要是地緣）關係，自古以來，朝鮮最後的安全保障，都是依靠中國來搶救，幾乎已成「歷史定律」。例如，吾國明萬曆時代，日本野心家織田信長、豐臣秀吉等，啟動「第一次亡華之戰」，先就滅了朝鮮國，最終萬歷皇帝派出四十萬大軍，搶救朝鮮，殲滅倭軍，朝鮮得以復國。

中國為什麼要每次都搶救朝鮮？包含二戰後的抗美援朝之戰，還是得搶救。主要原因還是地緣戰略，朝鮮就是中國國家安全之「戰略前緣」，如果朝鮮被西方勢力控制，我們東北就不安全。

由此推論，我們中國四周的鄰國邊界，也都是國家安全的戰略前緣，差別只有敏感性、重要性的高低。例如，美國控制阿富汗，新疆就麻煩了。緬甸有內戰，我們雲南亦不安，都是同一原理。

放眼現在中國四周的戰略前緣，最重要是朝鮮半島和中印邊界。現在的北韓金氏政權，如果不是背靠中國，老早和伊拉克、利比亞一樣，被英美惡勢力殺得片甲不留，連領導人也被殺。

壹、北京《黃埔》雜誌二〇二三年第4期文章主題

特別策劃：紀念抗美援朝戰爭勝利70週年

陳　宇，〈抗美援朝戰爭概述〉

陳　宇，〈抗美援朝戰爭中的黃埔師生〉

兩岸縱橫與軍事天地

楚　英，〈高舉人類命運共同體旗幟、引領人類文明前進方向〉

吳亞明，〈海峽兩岸大事記二〇二三年四—五月〉

石　稼，〈軍工解碼：戰鬥機的前世今生〉（下）

石　評，〈軍語新解〉

何一夫，〈客從何處來〉

黃埔人物春秋記實

顧少俊，〈赤子之心、生生不滅：訪百歲黃埔抗戰老兵呂振錕〉

于志國，〈率部打響全民族抗戰第一槍的黃埔生吉星文〉

符茲治，〈父親符昭騫在晉南抗日的故事〉

潘毅敏、潘宵敏，〈懷念外公史鏡清〉

黃埔往事與歷史研究

張軒章，〈四川抗戰老兵與胡家驥的生死之交〉

楊小村，〈國共陣營中一段結局圓滿的忘年交〉（上）

劉中璞，〈黃埔軍校俱樂部歷史考證及保護利用〉

李　立、李鈞善，〈南京時期的黃埔軍校本校和分校〉

單補生，〈淺談黃埔軍校騎兵教育沿革〉（中）

賈曉明，〈一九二六年五月十二日，鮑羅廷和「整理黨務辦法」〉

熊子傑，〈你不知道的台灣：兩岸應知道的台灣歷史故事〉

貳、抗美援朝戰爭．搶救朝鮮的黃埔師生

抗美援朝戰爭（台灣叫韓戰），打了兩年零九個月，分兩個階段。第一階段（一九五〇年十月廿五日到一九五一年六月十日），解放軍以運動戰為主要作戰形式，連續進行五大戰役，屬戰略反攻性質。

第二階段（一九五一年六月中旬到一九五三年七月廿七日）。主要是進行持久戰、積極防禦、停戰談判。主要形式是陣地戰，直到簽訂停戰協定，解放軍（志願軍）於一九五八年十月，撤離朝鮮。

陳宇在〈抗美援朝戰爭中的黃埔師生〉一文，列出了參戰的黃埔人，區分高階將領、中下基層和23期三類黃埔人。高級將領有以下八人：

周恩來：黃埔政治部主任。時任中華人民共和國政務院總理兼外交部長，並任中央軍委副主席，等於是「抗美援朝戰爭總指揮官」

聶榮臻：黃埔軍校政治教官，新中國成立前夕，他被任命為解放軍副總參謀長，一九五〇年初，總參謀長徐向前患病，他被指定代總參謀長。

陳　賡：黃埔一期。中國人民志願軍第二副司令員、代司令員，同時兼任志

願軍第三兵團司令員和政委。

宋時輪：黃埔五期，志願軍第九兵團司令員，一九五一年六月，被任命第三副司令員，仍兼九兵團司令員和政委。

倪志亮：黃埔四期。首任駐朝鮮大使，一九五五年九月，他被授予中將軍銜，榮獲多項解放勛章。

曾澤生：黃埔三期區隊長，時任志願軍50軍軍長。一九五五年被授予中將軍銜，榮獲共和國勛章。

劉儒林：黃埔四期，時任志願軍67軍副軍長，作為中路軍主力，戰功顯赫，大利於促成停戰協定。

許光達：黃埔5期，時任裝甲兵司令員兼政委。

方之中：黃埔四期，67軍參謀長。

以上是具有黃埔身分的解放軍高級將領，還有中下基層的黃埔人。如王延洲（黃埔16期、西安分校）、王映新（黃埔16期、第6分校）、杜中夫（黃埔14期）、梅設元（黃埔17期、第2分校）等。依粗略統計，參加抗美援朝戰爭的黃埔師生有一千二百多人，僅以山東籍為例，列表如下：

姓名	期別	籍貫	抗美援朝戰爭前的經歷	抗美援朝期間的職務
莊興元	第 6 期	滕縣	歷任國民革命軍排長、連長、營長、團長，參加過北伐和抗日戰爭，1949 年在貴州起義	志願軍炮兵部隊
王映新	第 15 期	惠民	曾任抗日軍政大學第一分校訓練部科員、第 115 師第 686 團管理員、作戰教育股股長、東北民主聯軍第 1 縱隊教導大隊第 1 隊隊長、司令部作戰科教育參謀，參加了遼瀋戰役	志願軍第 38 軍司令部作戰科教育參謀
王延洲	第 16 期	日照	曾任中美軍混合飛行團第 3 大隊飛行員，解放軍東北航校教員	志願軍空軍第 2 師飛行員
宋進誨	第 18 期	梁山	曾任國民黨第 13 軍第 89 師排長、連長等職，1949 年隨傅作義和平起義	志願軍第 68 軍第 604 團宣傳教育幹事
朱振廷	第 21 期	武城	曾任國民黨第 67 軍炮兵隊長、排長，1949 年 9 月起義	志願軍第 67 軍第 188 師炮兵團文化教員
傅柏齡	第 21 期	寒亭	曾任國民黨青年軍工兵營排長	志願軍後勤直屬第 2 大站第 6 分站計畫組組長
賀志剛	第 21 期	濟寧	曾任國民黨軍排長，1949 年 1 月在北平參加起義	志願軍某部副連長、師教導隊隊長
趙殿玉	第 21 期	高青	曾任國民黨軍排長、連長，1949 年 10 月隨軍起義	志願軍第 64 軍後勤部從事汽車運輸工作
歐陽紀聲	第 22 期	寧遠	畢業後，到第 7 編練司令部學兵團訓練學兵，1949 年 12 月隨部起義	志願軍第 10 軍後勤總醫院第 2 醫務所文化幹事
侯存義	第 22 期	濱州	1949 年 12 月隨部在成都起義	志願軍第 60 軍第 180 師司令部軍務處見習員
劉俊英	第 22 期	高唐	1949 年 12 月隨部在綿竹起義	志願軍第 27 軍排長
張天一	第 23 期	濱州	1949 年 12 月隨部在成都起義	志願軍第 60 軍第 180 師見習幹事
姜希壯	第 23 期	蓬萊	1949 年 12 月隨部在成都起義	志願軍第 11 軍第 545 團 1 營軍事教員
郭毅杰	第 23 期	桃源	1949 年 12 月隨部在成都起義	志願軍第 60 軍第 180 師政治部宣傳科幹事
柴金星	第 23 期	泰安	1949 年 12 月隨部在成都起義	志願軍第 60 軍第 180 師第 539 團司令部炮兵參謀
延順生	第 23 期	廣饒	1949 年 12 月隨部在成都起義	志願軍第 60 軍第 179 師山炮營軍事教員
莊子超	第 1 分校軍訓班第 4 期	莒縣	曾任國民黨軍少、中尉排長，上尉連長，少校連、營長，中校站長，1949 年參加綏遠起義	志願軍第 37 軍第 322 團供給科科長

資料來源：北京《黃埔》雜誌 2023 年第 4 期，P.24。

參、抗美援朝戰爭，搶救朝鮮的黃埔 23 期生

黃埔23期生到底有多少人？各方說法始終沒有一個定數。比較可靠的數字是三千初頭（詳見筆者著《廣州黃埔到鳳山黃埔：44期畢業50週年暨黃埔建校建軍百年紀念》，台北文史哲出版社出版，二〇二三年八月），第7章。

一九五〇年六月，朝鮮戰爭爆發，起義後的原黃埔23期生，正在川西參加築路。按陳宇的文章所述，23期生入朝作戰先後有四百多人，人數較多是第一總隊步兵大隊，他們被編入志願軍第60軍教導團，十二月十四日徒步北上，到川北德陽上汽車，到陝西寶雞轉乘火車。

一九五〇年十二月廿七日，60軍全軍七萬多人，在河北邢台火車站及其東段，舉行抗美援朝誓師大會。戰鬥部隊先行入朝作戰，教導團暫任留守，於廿九日抵達河北滄州集訓待命。

一九五一年三月廿日開始，教導團中的原23期生，分批徒步進入朝鮮戰場，四月初到伊川郡前線，立即編入戰鬥序列，參加第五次戰役。例如，原23期第三總隊陳希平，在一九五二年十月，上甘嶺戰役中犧牲，時年才20歲，後葬在異國

陵園內。

原23期生第1總隊，有工兵科三十多人，他們被分配到各級司令部，任參謀或工兵連排長。在史倉里阻擊戰中，周榮生、夏德新、方國昌、范鴻志等人，在浴血大戰中，都立了大功。

工兵科同學都有特殊的專業性才能，例如周紹葆、柯昌珩等，排除公路上的炸彈；一七九師工兵連張維璽、陳澤霖是排雷手；張攀桂親自炸毀一座橋樑，阻敵坦克南逃；夏德新指導挖掘坑道；一八一師訓練科的鄭興痴，編排雷方法手冊印發基層；五三六團參謀楊汝恒、野砲團參謀張以帆等，都有重大貢獻。

在各團擔任工兵排長、教員的23期工兵科生，還有張宗恕、崔政文、張攀桂、吳珍華、潘積善、方國昌、陳守庸、梁國順、劉力持、周紹葆、李實忠、柯昌珩、石鐘武、范鴻志等同學。

志願軍第60軍，為提高爆破技術，從各連隊抽調2名班長，到軍教導團培訓，由宋繼麟和劉子龍任教，二人都是23期工兵科。

僅在參加第五次戰役的23期工兵科同學中，有13人立功受獎，陳守庸、陳澤霖2人光榮負傷。在金城戰役中，有27位23期工兵科同學參戰，其中15人立功，陳守庸第二次榮立大功，方國昌榮升60軍架橋連連長。

此外，有的23期生在文工團裡，也發揮文宣工作的作用。如60軍文工團的郭青石、一八〇師宣傳幹事郭毅杰等，也都在這場中國人民反侵略戰爭中，發揮了黃埔精神，打破西方邪惡帝國主義的美夢。

肆、何一夫〈客從何處來〉：曾孫找尋曾祖父何桐生

何桐生（一九〇〇—一九五九）

原籍：雲南昆明

黃埔高教班第二期

何一夫〈客從何處來〉一文，是身為何家曾孫的何一夫，尋根的經過，他在找他的曾祖父何桐生。他從小聽長輩說，曾祖父叫何桐生，畢業於講武堂，在黃埔軍校當教官，也是一個將軍。

初二時到新華書店找半天，什麼也沒找到。某日，和爺爺約好考完期末考一

起到新華書店再找，爺爺開心答應，結果才半個月考完期末考，爺爺病逝了。

後來偶然得知一個查閱文獻網站，輸入曾祖父名字，竟看到陳予歡先生編的《黃埔軍校將帥錄》，上有曾祖父何桐生的簡介：

何桐生（一九〇〇—一九五九）。南京中央軍校高等教育班第二期畢業，別號家炯，雲南昆明人，中央工兵學校高教班、中央訓練團國防要塞研究班畢業。歷任軍政部第六工兵團連、營、團長。抗日戰爭爆發後，任中央軍校工兵科爆破教官，一九四五年任工兵科上校爆破主任教官、西北戰幹分團工兵大隊長、川鄂湘邊區綏靖司令部工兵指揮部副指揮官，陸軍總司令部工兵署少將科長。

何一夫說，之前「何桐生」名字，就如一個傳說，現在變得鮮活起來。決心對資料中相關城市，昆明、廣州、南京、成都，逐一探訪，追尋曾祖父的足跡。

第一站，何一夫來到昆明，到了雲南省檔案館，在《雲南陸軍講武學校同學錄》就有重大發現。原來曾祖父名字是何家榮，桐生是他的號，18歲時住昆明縣武廟街，20歲時搬到城廟街。何一夫又找到武廟街（今人民中路），他的足跡和祖輩的足跡，終於連接在一起，此刻內心是多麼激動。

第二站，何一夫來到廣州，他到了黃埔軍校紀念館，工作人員說浙江省檔案館有較完整保存。後來他又去了杭州找到浙江省檔案館，找到一張清晰的何桐生照片，這是他第一次看到曾祖父的樣子。

按陳予歡著《雲南講武堂將帥錄》所記，何桐生一九三二年到一九三五年，先後入南京中央陸軍軍官學校高教班二期，畢業後任教官。所以，何一夫的下一站，就到南京找「根」。

到了南京，何一夫直奔位在青島路的江蘇省檔案館，被告知沒有相關文獻。正巧經過「中國第二歷史檔案館」，是集中保管中華民國時期（一九一二—一九四九），歷年的國家檔案，在此查到一張何桐生的任命狀。

最後何一夫來到成都，按他整理的資料：一九四〇年四月，任成都中央陸軍軍官學校（以下簡稱軍校）17期1總隊中校迫擊砲教官；一九四一年十二月，任軍校18期2總隊工兵科上校爆破教官；後再任20期爆破教官和21期爆破主任教官。

勝利後，一九四五年十月獲頒忠勤勛章，一九四六年五月獲頒勝利勛章。後再任軍校22期、23期工兵科爆破教官等職。何一夫的文章，對曾祖父的生卒年代，前面提到是一九〇〇到一九五九年，後面說是一九〇一到一九六一年，可能後者正確。可惜沒有提到在何處逝世，是留在大陸或去了台灣！

通過這次尋根之旅，何一夫一發不可收拾，又去湖北麻城找尋母親家族的根。往後去找更久遠的根，到河南淮陽伏羲陵，陝西的黃帝陵，湖南炎帝陵、浙江紹興大禹陵、山東孔廟、河南洛陽關林。

伍、百歲老兵呂振錕平凡的一生

呂振錕（一九二三—）
原籍：江蘇揚州
黃埔20期砲科

一個人如果一輩子都平凡度過，沒有驚天動地的故事，沒有可歌可頌的事業，無災無難，一天過一天，能活到百歲，也是一種幸福。是天命中的幸福，就如顧少俊的文章說的這位呂振錕。

上個世紀三〇年代，呂振錕跟隨父親在天津讀書，他發現天津到處掛著外國國旗，洋人任意打罵中國人。回家後，他問父親，天津怎麼了？父親說：「這裡是租界。」呂振錕第一次聽到「租界」這個屈辱的名詞。

接著父親講了租界的現狀：目前中國的城市，出現租界最多是天津。在租界裡，中國人遭受百般壓迫和侮辱。在租界裡電車頭等車廂洋人才能乘坐，中國人只能坐三等車廂。在租界裡，中國人的人力車夫必須穿犯人一樣的號衣。洋人在租界販毒、買賣人口，都受帝國主義保護。租界醫院血庫缺血，會到街上抓中國人強行抽血。甚至租界裡的洋兵抓中國人，給新兵練習射殺……

聽得呂振錕血脈奮張，心中暗暗發誓，以後一定要學好本領，保家衛國，不受洋人壓迫。他經過許多艱困路途，一九四三年終於考入黃埔20期，一九四六年十二月畢業，分發到指定部隊。

軍校畢業分發到部隊後，他請假回家探親，從此沒有再回部隊，他不想打內戰。新中國成立後，他做了哪些工作，沒有說到，可能是工程單位，一九八四年退休。他老家有幾十畝良田，日子應該過的很好。

呂振錕軍校畢業時，抗日戰爭已打完了，他也沒有參與打內戰，等於他的軍職期間沒有打過仗，都在相對平安中工作生活。這是一種幸福，也是幸運！

二〇二三年五月二十日，顧少俊再訪呂老，他已是百歲老人，精神很好，思路清晰。但願呂老健康、平安，他的天命好！

陸、符茲治〈父親符昭騫在晉南抗日的故事〉

符昭騫（一九〇一－一九六八）
原籍：海南文昌
黃埔軍校初建時之區隊長、教官
陸軍大學九期畢業

符昭騫，字孟騰，雲南講武堂12期畢業，黃埔軍校初期區隊長、教官。參加了東征、北伐，抗日戰爭時期，曾任軍參謀長、旅長、副師長、集團軍中將參謀長、副軍長等。參加過長城、忻口、中條山等戰役。

在抗戰時期，符昭騫與雲南講武堂同期校友葉劍英指派的中共地下黨王亞文（黃埔4期）有過接觸，後來曾先後在山西和重慶與八路軍總司令朱德以及中共南方局董必武會面交談，對勝利後的反內戰有很多貢獻。

一九三八年，符昭騫升任85師二五五旅旅長，在晉南的汾西、霍縣、靈石一帶，率全旅官兵與日軍周旋。此時，《大公報》記者秋江，發表一篇〈機動的符旅長〉文章，十分鮮明的勾畫出符旅長的形象。

在秋江的採訪中，稱符旅長是「善於捕鼠的貓」，形容他軍事指揮行動的靈活和機動，符旅長也善於用假情報誤敵。總之，符昭騫善於用各種方法消耗敵人。

一九四一年，符昭騫擔任第14集團軍參謀長，參加中條山戰役，而此時秋江擔任《新華日報》記者。新中國成立後，符昭騫在北京任解放軍軍訓部高級研究員、軍事學院教官。秋江曾任中共天津市委統戰部副部長，符昭騫也曾受聘為北京市文史研究館館員。

柒、潘毅敏、潘宵敏〈懷念外公史鏡清〉

史鏡清（一九〇二—）

原籍：陝西岐山

黃埔軍校高教班

能用文章懷念外公的孫輩是稀有的，這兩位作者能把外公的資料整理成文發表，寄託對外公的懷念。「他身上有太多值得我們學習和繼承的優良品質。那將是我們人生的寶貴財富，也希望我們的孩子能銘記先輩功績，繼承黃埔精神，傳承良好家風。」

史鏡清，字金鑒，出生於書香門第，父親是清末貢生。黃埔高教班畢業後，他在部隊歷任連營長、團長，一六五師和一四四師少將副師長。先後參加馬當要塞保衛戰、南昌保衛戰、中條山戰役等。

一九四九年十二月廿四日，史鏡清在四川綿竹率部起義。後任解放軍一四四師代師長，一九五一到一九五四年，在解放軍第一高級步兵學校和西北軍區工作，一九五五年任甘肅省人民政府參事室參事。

史鏡清曾任甘肅省委第五、六屆委員。他的回憶文章〈中條山戰役中的一六五師〉，刊登在一九八五年《甘肅民革：抗日戰爭勝利40週年專輯》中，並被《山西文史資料》收錄，入編《正面戰場：原國民黨將領抗日戰爭親歷記》之《晉綏抗戰》一書。

一九四一年春，日軍集結十餘萬重兵進犯中條山。當時史鏡清任一六五師四九四團團長。五月八日，多名指揮官在太寨村西的雷公廟嶺犧牲，危急時刻，他率四九四團團部及第1、2兩個營對敵阻擊，他英勇的表現，後升任一六五師少將副師長。

作為抗日戰爭歷史的見證者。一九八二年四月，史鏡清和原一六五師師長王治岐為自己的部下、原一六五師四九四團第2營營長姚汝崇（中條山戰役犧牲），出具了《關於姚汝崇一九四〇年在中條山參加抗日戰爭一點情況》的說明。在兩位老人努力下，甘肅省民政廳於一九八五年五月，追認姚汝崇為革命烈士。二〇一五年八月五日，民政部追認姚汝崇為革命烈士。

這是一篇外孫懷念外公的文章，沒有提到史鏡清辭世的年代，看文意應在公元二千年左右。後輩對前代先祖的事功，能有肯定、懷念，傳承先祖的奮鬥精神，這就是中華民族的優良傳統。

捌、張軒章〈四川抗戰老兵趙順修與胡家驥的生死之交〉

胡家驥（？—一九九六）

原籍：湖南湘鄉

黃埔5期工兵科

趙順修（一九二一—二〇二一？）

原籍：四川南充

人的一生很奇妙，會碰到許多人，除親人、朋友外，長官、部下，乃至知音、紅粉、救命恩人等。按佛法所述，這輩子所有碰到的人，都不是意外，而是有因緣的，其甚深之「因」，可能前世或再前世已種了因，這一世才收了「果」。

張軒章的文章中，說的趙順修和胡家驥，二人如兄弟般情誼，但他們官階相差很大，可謂「忘階之友」。這便是一種神奇因緣，甚深微妙法啊！

二〇二一年十月，四川省南充市南部縣抗戰老兵趙順修，在彌留之際仍念念不忘一個人。這個人叫胡家驥，字德丞，湖南湘鄉人，黃埔5期工兵科，國軍50軍軍長。趙順修曾泅水帶他橫渡怒江，兩人因而有著生死之交、兄弟般的情誼。

趙順修，一九二一年三月廿七日，出生在四川省南充市南部縣河壩鎮一個貧困農家。上三年私塾後，給地主放牛，放的是水牛，每天和水牛在河裡玩成游泳高手。沒想到這個特長，日後竟用來救人，而且救的不是普通人，是軍長和他的夫人。

一九三九年九月，國軍在南部縣招兵買馬，趙順修是被抓的壯丁。經過短期訓練後，他和數百人被編入71軍第88師。一九四二年五月，滇西告急，88師奉命緊急調入雲南抗擊日寇，趙順修隨部隊到了昆明，不久他升任機槍排排長。

在某次作戰中，戰事失利，趙順修所在部隊退至怒江岸旁，眼見江上無船無橋，情況十分緊急。胡家驥帶著已有身孕的太太逃到江邊，不免感傷。趙順修見狀挺身而出說：「長官，我水性好，我送你過江。」

胡家驥有些不相信問他：「水這麼急，怎麼過？」

趙順修說：「我真的能，還會潛水。」

胡家驥見他一臉認真的樣子，就說：「我能不能過江已無所謂了，你先幫我把太太渡過江吧！」

趙順修只好先渡師長太太。他把師長太太用繩子拴在軍用背包上，再把繩子套在自己脖子上，邊游邊推。怒江水流急，二人被沖到下游對岸約三里處，總算過了江，艱難的上了岸。

趙順修用同樣方法，再把師長胡家驥渡過怒江。從此，趙順修救了胡家驥夫婦，在部隊傳為美談。一九四四年三月，他隨部隊先後到了印度、緬甸，在風車坡等地取得戰鬥勝利，攻占了緬北重鎮孟拱。

一九四四年五月，趙順修隨部隊進入高黎貢山地區，與駐緬北的國軍反攻日軍，配合形成夾攻之勢。此戰雙方傷亡慘重，師長胡家驥受了傷，趙順修也受傷。在進攻龍陵時，遭到日軍包圍，趙順修率領他的機槍排，保護胡家驥成功突圍。

胡家驥夫婦視趙順修為救命恩人，又感激，又憐愛。新中國成立後，趙順修回老家，到南部縣太霞鄉（原西河鄉）當腳夫，維持生計，從此也沒有胡家驥的消息。

一九五〇年，身為國軍第五〇軍軍長的胡家驥，離開了部隊，避居香港，一九九六年病逝香港家中。此二人自新中國成立後的半個世紀，隔著千山萬水，雖不能相見，但他們心中永遠珍藏著戰場上，最美麗的回憶！

第八章　黃埔使命與中國之富強統一

我說：「沒有黃埔，就沒有現代中國。」我這樣說，很理性、很客觀，也不是因自己出身黃埔就這麼自大的說。沒有黃埔，中國仍在，但沒有「現代中國」，更不會有廿一世紀中國之崛起、中華民族之復興；而你我所處，仍是衰弱貧窮、受制於西方邪惡帝國主義的中國。

我在北京《黃埔》雜誌上，所看到、所轉述或所增補有關黃埔人的故事，每一則都論證我的觀點。包含二〇二三年第五期，主題是〈貫徹總體方略、發揮黃埔優勢、促進祖國統一：第十六屆黃埔論壇特輯〉，論述核心意涵，仍然是黃埔與國家統一。因此，筆者身為生長在台灣的中國人也是黃埔人，樂於當一個永遠的黃埔說書人，說黃埔人的故事。

壹、北京《黃埔》雜誌二〇二三年第五期文章主題

特別策劃：第十六屆黃埔論壇特輯

〈鄭建邦在第十六屆黃埔論壇開幕式上的致辭〉

〈林銳在第十六屆黃埔論壇開幕式上的致辭〉

〈趙俊民在第十六屆黃埔論壇開幕式上的致辭〉

〈陳知庶在第十六屆黃埔論壇開幕式上的致辭〉

陳　宇，〈黃埔軍校與國家統一大業〉

林際平，〈何懼風高浪急、黃埔精神永守〉

李靄君，〈發揚黃埔精神、奮進復興征程〉

凱　雷，〈面向黃埔百年、團結兩岸青年、弘揚黃埔精神、促進祖國統一〉

兩岸縱橫、軍事天地與情繫黃埔

謝　郁，〈堅持完善「一國兩制」，探索「兩制」台灣方案〉

吳亞明，〈海峽兩岸大事記二〇二三年六—七月〉

石稼，〈軍工解碼：俄羅斯現役典型戰鬥機透視〉㈠

渠敬陶，〈丹青繪黃埔、精神永傳承〉

人物春秋與黃埔人生

陳　宇，〈最年輕的中華人民共和國軍事家蔡申熙〉（上）

顧少俊，〈隨戴安瀾遠征異域的黃埔抗戰老兵羅遠耀〉

李　石，〈特別游擊區的特別戰鬥：回憶黃埔老人張子忠〉

高正湘，〈拼死抵外侮、功揚半壁山〉

李建新，〈記我的外公：血灑寶山的黃埔英烈任之〉

魯麗玲，〈台灣青年楊保羅：以運動之道，傳中華文明之美〉

黃埔往事與歷史研究

楊小村，〈國共陣營中一段結局圓滿的忘年交〉（下）

蒲　元、薛　剛，〈孤軍之光：八百壯士中的黃埔勇士〉

盧　綱、劉永峰，〈黃埔軍校武漢分校與中共建軍的歷史探析〉

單補生，〈淺談黃埔軍校騎兵教育沿革〉（下）

賈曉明，〈一九二六年五月十八日，國民政府軍事委員會任命嚴重為黃埔軍校教育部主任〉

熊子傑，〈你不知道的台灣：兩岸應知道的台灣歷史故事〉

貳、顧少俊〈隨戴安瀾遠征異域的黃埔抗戰老兵羅遠耀〉

羅遠耀（一九二二—）

原籍：安徽涇縣

黃埔15期

羅遠耀，軍校畢業後分發到第一戰區，在衛立煌部隊當排長。因與鬼子作戰受傷送醫，在醫院認識了衛立煌的兒子，並被介紹給衛立煌。不久經衛立煌介紹，他到了戴安瀾的二〇〇師五九八團1營1連當連長。

一九四二年三月八日，戴安瀾率二〇〇師到緬甸同古接替潰敗的英國軍隊。

此時，小日本鬼子軍已占領仰光，羅遠耀繳獲日軍文件，得知日軍55、23兩個師團的兵力布署和作戰計畫。

羅遠耀所在的1營，在黃景升副團長指揮下，在同古城南十六公里的鄂克春布防。日軍出動大砲、坦克猛攻鄂克春陣地，黃景升在激戰中陣亡，日軍仍未能攻下鄂克春。三月廿四日，日軍攻下同古機場。

同古機場失守後，戴安瀾的二〇〇師只得死守同古城。日軍大舉猛攻同古城，都被二〇〇師打退。羅遠耀突然接到營長命令：「日軍偷襲師部，你火速帶領官兵去增援師部。」

原來，日軍一支部隊從同古城南偷渡色當河，進擊師部，師部警衛連和附近五九八團3營，作戰中傷亡慘重，連師長也抄起機槍投入戰鬥。羅遠耀率隊趕到，最後將包圍師部的日軍全部消滅，因警衛連傷亡過半，戴安瀾對羅遠耀說：「你的部隊就留在師部！」此後，羅遠耀一直在戴安瀾身邊。

一九四二年五月，二〇〇師從緬北山區輾轉回國。部隊在路過細泡到摩谷公路時，遭到日軍伏擊，傷亡慘重，師長戴安瀾身負重傷，於五月廿六日傍晚在茅邦村傷口嚴重感染，又缺醫藥而去世。（註：關於戴安瀾，在《黃埔》系列已在多處記述。）

二○○師官兵原有一萬多人，完成遠征任務後，回國只剩四千多人。羅遠耀的連，出征時有一百四十人，回來只剩六十多人。可見傷亡之慘烈，許多中華男兒死在異鄉，無人知曉，至少二○○師在同古之戰，也消滅日軍五千多人。

羅遠耀回國後離開部隊，在安徽涇縣的小山村裡，過著日出而作、日落而息的生活，直到九十多歲仍在田裡勞動。直到「宣城關愛抗戰老兵志願者柯躍武」，從史料中挖出羅遠耀，羅老的故事才被傳揚開來。

二○一五年，羅老收到國務院、中央軍委頒發的抗日戰爭勝利70週年紀念章及五千元慰問金。九月二日看到習近平為30名抗戰老兵頒勝利紀念章，他喃喃自語：「國家沒有忘記我們，人民沒有忘記我們！」

我很感慨，對於抗戰勝利、抗戰老兵，在台獨偽政權蔡妖女等洗腦之下，已無人理會，甚至抗日老兵被醜化成「社會米蟲」。這種邪惡不法政權，何時滅亡？我要問問中央軍委諸公們，《反分裂法》是放著好看嗎？

參、李石，特別游擊區的戰鬥者張子忠

張子忠

黃埔17期輜重科

李石在〈特別游擊區的特別戰鬥〉一文，前言說「張子忠，一九四二年四月出生」，可能印刷有誤。在內文張老自己說，「我是一九四二年四月黃埔軍校17期1總隊輜重科畢業」。所以，張老生年至少前推十幾二十年才對，考軍校至少十八歲！

張子忠，軍校畢業後，原可留校當班長，但他一心想上戰場殺小日本鬼子，於是他打報告要求上前線。後來，他真到了中國遠征軍的駐滇康緬邊境特別游擊區指揮部，擔任上尉譯電員，歸指揮部的馬主任領導。

當譯電員，不能上前線殺小日本鬼子，張子忠有些失望。馬主任看出他的心思，特別向他說明，譯電員比連營長重要，是部隊的眼睛，出奇制勝的保障，他只得放心接受任務。

張子忠就在這小小的「陣地」裡，接過不少高級將領的電話，包括衛立煌、宋希濂、何應欽等。張老把這段經歷起個名字，叫「特別游擊區的特別戰鬥」，不同於上前線拼刀槍！

在接近抗戰勝利時，張老被調回軍校，擔任19期第1總隊步兵3隊區隊長。新中國成立後，張老先後在山西工農速成中學、太原九中學任教，一九七九年到北京八十八中學工作，一九八八年九月退休。

張老一生恪守「不為不知而羞、要為不學而愧」「青春無年齡、幸福無指標」「靜中常思已過、不論他人短長」。以捐助和讀書為樂，作為黃埔人，兩岸黃埔是一家，永遠勿忘黃埔人的天職、使命，就是追求中國的繁榮富強和統一，張老的信念始終如一、到老不變。可敬啊！這位黃埔老大哥！

肆、高正湘回顧先父高濟川：拼死抵外侮、功揚半壁山

高濟川（一九〇〇—一九四七）

原籍：湖南寶慶（今邵陽市）

黃埔3期

一九三八年初，武漢會戰的外圍緒戰開始。黃石是武漢的重要門戶，半壁山位在黃石市陽新縣城東的長江南岸，與北岸的田家鎮和下游的富池口互為犄角，古來有「楚江鎖鑰」之稱，是一處重要的戰略要域，歷來都是兵家必爭之地。

為阻日軍進犯武漢，國軍積極經營富池一帶江防要地，富池防線成了抵抗日軍進犯華的主戰場。高濟川任一九三師1團副團長兼2營營長，率一個加強營奉命扼守長江江防要塞：半壁山陣地。

一九三八年六月，日寇由其第11軍所轄之第6、9、27、101、106師團和波田支隊，組成一支攻勢部隊。其作戰目標在攻佔長江沿岸各要塞，並突破富池防線，進而沿大幕山北側進迫粵漢鐵路，其戰略目標指向，實現對武漢的戰略大包圍。

九月中旬，日寇開始進攻，中國第六戰區司令長官陳誠電令第18師師長李芳郴死守富池地區，以拱衛半壁山要塞。在日寇海陸進攻下，師長李芳郴竟帶著少數官兵臨陣脫逃。（身為師長竟如此，千古之可恥，不知有無軍法追述？抓回來槍斃，李芳郴決非出自黃埔。）

第18師突然群龍無首，九月廿三日晚退到半壁山，富池就此陷落，導致半壁山要塞直接暴露在日寇砲火和步兵攻擊之下。九月廿九日，江北田家鎮要塞又被日寇攻破，半壁山成為孤立無援的據點。

為突破半壁山的中國守軍，日寇發起瘋狂猛攻，成噸砲彈傾瀉在一八五二年湘軍和太平天國軍作戰的要塞上。守這要塞正是一九三師副團長高濟川，他率領一個加強營和要塞砲兵，死死的守住，一次又一次的浴血拼殺，敵我形成了拉鋸戰。

不足2平方公里的半壁山陣地，成了一片焦土。2營官兵傷亡慘重，第1、2連連長相繼陣亡。上級為避免更大傷亡，下令轉移陣地，高濟川率後衛營掩護全軍撤退，使部隊主力安全轉移。

在這危急時刻，高濟川帶著2營官兵，在日軍飛機大砲和毒氣攻擊下，進行一星期血戰。戰至十月四日，全營僅存十多人，其餘全部壯烈犧牲。半壁山陣地雖被日寇占領，國軍主力得以安全轉移。

後來，高濟川得到集團軍總司令湯恩伯的器重，升任一九三師1團團長。抗戰到了反攻階段，他已升任少將副師長。期間，他率軍在一天一夜間，將進犯日寇擊退一百多公里，斃敵二千多人，迫使走投無路寇首自殺，在當時的《中央通訊社》發號外，稱「河池大捷」。

一九四七年春，高濟川調國防部少將高參，但他卻拒不到任，請長假回老家（他反對內戰）。途中鞍馬勞頓，舊傷復發，他於九月八日到家，十一日病故，享年47歲，集團軍總司令湯恩伯發來唁電：「功揚半壁，芳流千古！」。

伍、李建新〈記我的外公：血灑寶山的黃埔英烈任之〉

任之（一九〇七—一九三七）

原籍：湖南南縣

黃埔洛陽分校軍訓班4期

任之，一九〇七年三月十五日，出生在湖南省南縣麻河口小鎮。約一九二六年左右加入北伐軍，任兵站總監部第七分站上尉站員。一九三〇年元月，到黃埔武漢分校教導2團任書記，七月教導團改編為教導第3師，任之任3師1團上尉書記，2團團長是夏楚中。

一九三二年六月，任之入18軍幹部補習所受訓半年，次年初任18軍14師40旅80團3營9連當連附，一九三三年八月參加廬山軍官訓練團，2週結訓，榮獲蔣公中正頒發一柄「中正劍」。

一九三四年五月到一九三五年七月，任之在18軍98師師部當上尉參謀。之後到黃埔洛陽分校軍訓班4期受訓。畢業後回18軍98師二九二旅五八三團3營任7連上尉連長。一九三七年八月十三日淞滬會戰爆發，3營（營長姚子青）奉命到上海參戰，八月三十一日姚營進駐寶山縣城，任之的7連駐守縣城東門。

九月一日凌晨，日軍約二千五百人由戰車掩護，向寶山發起進攻，次日加大以飛機、艦砲轟炸寶山陣地。九月三日，日軍攻下了附近獅子林陣地，乃從東、南、北三個方向圍攻姚子青營。姚子青選擇主動出擊，組織敢死隊與敵展開肉搏戰，斃傷日軍二百多人。

九月四日，日軍攻勢更為猛烈，姚營犧牲已百餘人。戰至九月六日，寶山已成孤城。姚營長、任連長相繼向屬下囑託：「營長、連長戰死，由排長接替；排長死了，班長上；班長死了老兵上，活著的人一定要堅守陣地。」戰士紛紛誓言：「與城共存亡！」

姚營長急電向夏師長報告：「敵軍兵艦三十餘艘排列城東門江面，飛機十餘架，轟擊各城門，戰車十餘輛配合步兵向我三城門攻擊，職等決遵命死守。」

夏楚中師長回電勉曰：「寶山城關係全局，該營長應仰體委座意志，戰至一兵一卒亦須固守，吾輩成功成仁，本無二致，該營應以寶山城為歸宿地，建立不世之奇功，並應充分準備巷戰，萬一城垣被陷，亦當與敵偕亡於城中也。」

九月六日夜，夏師長接到姚營長兩電：㈠「職等受主義之熏陶，領袖之恩德，敢不盡死以報國恩，誓與敵偕亡之旨，固守城垣，一息尚存，奮戰到底。」㈡「職營官兵均抱與敵偕亡之決心，惟孤城無援，日久難支，恐人城俱亡，與大局無補，仍懇速援解圍。」

夏師長電告：「第1軍一部已到楊家行，正向寶山急進中。」但終因四面隔絕，難以赴援，以致姚營六百官兵全部壯烈成仁，人城俱亡。據餘生者數人所述，九月七日，姚子青營長和任之連長，率僅存的二十多人，最後守在東門，也都在激戰中壯烈犧牲。

寶山之戰，除了由姚子青派出送信的魏建中躲過一劫，及先前重傷的副營長李貽謨被後送救治外，全營六百人與城共殉。這實在是驚天地！泣神鬼啊！中國幾千年歷史，此類故事代代有之，這應該就是中國的民族精神，也是我們中國能頂天立地五千年不亡的原因。小日本鬼子竟要「三月亡華」，太不了解中國人了，真是白痴！大豬頭一個！

寶山戰後，九月十日，國民黨中央執監委員會通電：「寶山之戰，姚子青全營與孤城並命。志氣之壯，死事之烈，尤足以動天地，而泣鬼神……」這是中國之民族魂也，更是抗戰精神之詮釋。

而上海《大美晚報》稱讚道：「此次姚營全部殉城，其偉大壯烈，實令人內心震動而肅然起敬。此非僅中國人之光榮，也為世界人類之光榮，其事跡將永垂青史！」

一九三八年三月十二日，毛澤東在延安發表演講，高度讚揚包括任之在內的姚營全體陣亡將士，為全國人民「崇高、偉大的模範」。

二〇一七年，以姚子青、任之和六百將士殉國之背景，拍成的電影《捍衛者》，據導演和編劇介紹，劇中人物馬嘯楊連長的原型，就是7連連長任之。他們的英雄事跡，也寫入初中歷史教科書，成為新時代中國人的民族精神教育最佳教材。

筆者走筆至此，對於李建新〈記我的外公：血灑寶山的黃埔英烈任之〉一文，我只是做一些摘要，內心也很激動，好像身在寶山戰場，與先烈同在的感覺。這些激勵中國人的故事，在台灣地區已「斷絕」了，但願我的「轉播」，能再有人被感動！

陸、八百壯士中的黃埔人㈠楊瑞符

楊瑞符，號節卿

河北靜海人

黃埔6期

在八百壯士歷史故事中，被傳揚歌頌最多的，就是團長謝晉元（字中民，廣東蕉嶺人，黃埔4期）。寫他的文章也很多，因此從略。八百壯士中尚有多位黃埔人，就按蒲元、薛剛的文章，稍加簡介。

楊瑞符，淞滬會戰爆發時，他在第88師二六二旅五二四團1營少校營長。一九三七年十月廿六日午夜，他來到團部，受領一個終生難忘的命令，「死守四行倉庫」。

楊瑞符在回憶文章〈孤軍奮鬥四日記〉中，寫道：「……原來是師長要我營死守閘北的命令……這時整個大部隊已開始撤退，而團長表示非常難過，我便很激昂地報告團長說：『請團長放心，我誓以最後一滴血，為中華民族爭人格』」。

在四行倉庫四晝夜戰鬥過程中，他和謝晉元並肩作戰。在最後奉命撤退時，他被日軍火力擊中左腿，被緊急送到聖保羅醫院，不久因功受頒青天白日勳章。後升任75軍6師17旅33團上校團長，先後參加徐州會戰、武漢會戰，均有戰功。

一九三九年五月，楊瑞符因傷到重慶休養。一九四〇年二月三日，舊病復發，不幸病故，終年37歲，國民政府追贈陸軍少將。

柒、八百壯士中的黃埔人㈡上官志標

上官志標，福建上杭人

黃埔軍校軍訓班一期

淞滬會戰爆發時，上官志標任88師二六二旅五二四團1營1連上尉連長。當1營受命死守四行倉庫時，他因事未能與1連到達四行倉庫。但他並未趁機開溜，而是設法進入倉庫，令營長楊瑞符十分感動。

四行倉庫保衛戰結束後，他升任少校團附。一九四一年四月廿四日晨，四個漢奸行刺謝晉元時，他奮不顧身，趨前袒護，身中六刀，受到中傷。

一九四一年底，日軍「強行接收四行倉庫孤軍俘虜」，八百壯士備受磨折。一九四二年上官志標因傷就醫，乘機脫逃，重返戰場，任第三戰區江蘇保安第4縱隊獨立支隊支隊長。

勝利後，上官志標來到上海，集八百壯士倖存者，為謝晉元舉行紀念活動。並倡議設立晉元中學、晉元公園、晉元路等。一九六七年九月，上官志標在台灣病逝。

捌、八百壯士中的黃埔人㈢石美豪和唐棣

石美豪，字文瑛，湖北通城人

黃埔7期（武漢分校）

唐棣，湖南寶慶人

黃埔7期（武漢分校）

淞滬會戰前，石美豪和唐棣，分別在湖北通城保安大隊，第1、3中隊任中隊長。一九三七年九月，該大隊編成湖北保安第5團。不久，二人所在中隊被補入88師二六二旅五二四團1營，二人都當排長。原3連連長劉望亭犧牲後，石美豪補任3連上尉連長。

一九三七年十月廿六日晚，閘北國軍開始撤退，已率部隨師主力撤退的石美豪，接到營長楊瑞符的傳令集合命令，即率全連趕回四行倉庫。謝晉元作戰鬥動員時，石美豪帶頭宣誓：「誓與陣地共存亡！」

激戰中，石美豪受傷仍不退。後來，他在租界醫院治療時逃脫，在湘桂一帶參加抗日，一九四五年四月，率部參加湘西會戰，一九五〇年在長沙病逝。

八百壯士奉命撤退時，唐棣的3連負責斷後和收容清場。一九四一年底，日軍「強行接收四行倉庫孤軍俘虜」，有資料顯示，他被送往巴布亞新幾內亞島做苦工，以後再無記載。

二〇〇八年，巴島有中國抗戰軍人墓訊息披露，引發關注，二〇〇九年中國政府撥款在當地修建陵園。二〇二〇年入選第三批國家級抗戰紀念設施、遺址名錄。唐棣烈士泉下有知，當可稍安了。

玖、八百壯士中的黃埔人㈣雷雄

雷雄，字震華，湖南常寧人

黃埔7期（武漢分校）

四行倉庫保衛戰時，雷雄任88師二六二旅五二四團1營機槍連上尉連長，戰後升少校團附。一九四一年四月廿四日，謝晉元被叛徒郝精誠等4人刺殺，雷雄帶隊將4名兇手拿獲。謝晉元殉國後，孤軍營官兵一致公推，請雷雄為代團長。

一九四二年冬，日軍將八百壯士分散處置，雷雄所在的87人，被押到安徽蕪湖裕溪口裝卸煤炭。一九四三年三月十四日下午，雷雄策劃暴動，奪取日軍武器，最終有29人到達桃花鄉新四軍駐地，其餘大多遇難。

雷雄一行又奔赴重慶。不幸，途經第五戰區司令長官部駐地湖北老河口休整時，因長期受日軍折磨加長途奔波，一病不起。一九四三年十月廿四日與世長辭，時年才39歲。

拾、八百壯士中的黃埔人㈤陶杏春與其他

陶杏春，海南文昌人

黃埔11期

淞滬會戰時，陶杏春任88師二六二旅五二四團1營排長。初入四行倉庫時，因1連連長上官志標尚不在位，營長楊瑞符指派陶杏春代理連長，直到上官志標於十月廿八日晚返回。

一九四二年冬，他和雷雄等一同被派往裕溪口裝卸煤炭，並和雷雄成功脫逃。雷雄病故後，陶杏春率隊於一九四四年春到重慶，被安排進入黃埔高教班，一九

四六年元月，獲頒「忠貞獎章」，一九六七年在廣州病逝。

因史料不足，八百壯士中的黃埔勇士，難以完全呈現。例如，2連連長鄧英（湖南耒陽人、黃埔7期）；另如2連2排排長伍傑，據《瀟湘晨報》所述，伍傑也是黃埔同學，但期別和事跡不詳。八百壯士中可能還有其他黃埔人，有待史家再發掘。

八百壯士精神就是中國軍人的精神，就是中國之民族精神。這樣的精神應該得到廣為宣揚，是每一代中華兒女最佳愛國主義教材。

自從台獨偽政權竊占此一小島，有一批退伍軍成立了「八百壯士協會」（筆者亦是會員，現任會長正是筆者同學、陸官44期王忠義將軍）。我們宣揚中國之民族精神，永恆的追求中國之統一，生為中國人，死為中國魂，永恆的為中華民族之一員。

第九章　黃埔的故事代代傳承

黃埔軍校的成立，本質上就是為了救中國，為打倒入侵中國的帝國主義黑暗勢力，使中國人民不再被外敵奴役。進而追求中國之和平、繁榮、強盛和統一，使人民過著平安、美滿的生活。就是這麼簡單的道理，讓許多黃埔人走向戰場，用生命換取新中國的美景。

這過程中，有許多驚天地、泣鬼神，黃埔人壯烈成仁的故事。這些故事會在史書、史話中，代代流傳千百年，如同我們現在看《三國演義》、《隋唐演義》一樣，千百年後的中國人，仍會讀或聽著《黃埔演義》。

壹、北京《黃埔》雜誌二〇一三年第6期文章主題

特別策劃：黃埔後代風采（內蒙古篇）

蕭　寶，〈秉承黃埔志、愛國愛家鄉〉

鄧世強，〈記「中國地球獎」獲得者高燕茜〉

楊立元、趙旺，〈文如其人、一腔熱血〉

高　西，〈奮發圖強、篤行不怠：記全國先進工作者滿宏〉

塞北布衣，〈黃埔精神指引著他的打拼之路〉

焦　陽，〈中日和平友好使者：岳迅飛〉

梁　鑫，〈傳承黃埔精神、忠誠履職盡責〉

黃埔之聲、兩岸縱橫與軍事天地

海澤龍，〈弘揚黃埔愛國精神、助力祖國和平統一〉

林爽爽，〈發揮黃埔親屬獨特作用、推動兩岸關係和平發展、融合發展〉

吳亞明，〈海峽兩岸大事記二〇二三年八—九月〉

石　稼，〈軍工解碼：俄羅斯現役典型戰鬥機透視〉㈡

黃埔人物與後輩懷念

陳　宇，〈最年輕的中華人民共和國軍事家蔡申熙〉（中）

顧少俊，〈赤心報國、白首回家：記遠征軍老兵徐沅甫〉

丁　冪、肖俊廉，〈在朝鮮戰場上的那些年〉

袁憲音，〈育李栽桃留厚德、精神遺世勵同仁：謹以此文紀念父親袁第銳逝世十三週年〉

嚴　希，〈我的父親嚴育蕊〉

黃埔往事與歷史研究

田久汝，〈懷著國仇家恨報考軍校〉

鄭學富，〈史迪威與台兒莊戰役〉

方西峰，〈憶與美國「飛虎隊協會」董事西蒙・范・懷特女士的相聚〉

李務起，〈百年回望：毛澤東與黃埔軍校〉

單補生，〈簡述陸軍工兵學校之教育〉

賈曉明，〈一九二六年五月廿一日，黃埔軍校任命陳誠為砲兵大隊隊長〉

熊子傑，〈你不知道的台灣：兩岸應知道的台灣歷史故事〉（十六）

貳、顧少俊〈赤心報國、白首回家：記遠征軍老兵徐沅甫〉

徐沅甫（一九二三—）

原籍：江蘇金壇

黃埔18期

徐沅甫，十六歲時悄悄離家，要去打小日本鬼子。軍校畢業後，在第11集團軍司令部任警衛排長，駐守怒江，參加過滇西大反攻，在他身上發生過很感人的故事。

一九三七年，日本鬼子占領了金壇，成了金壇百姓的災難，徐沅甫伯父的茶葉店被搶占，強姦了她姑媽。年少的徐沅甫徹底激怒了，決心出去找尋抗日機會，把日本鬼子殺個光光！

一九三九年，才十七歲的徐沅甫謊稱二十歲，又在鞋底墊東西增加身高，才如願考入黃埔18期工兵科。一九四三年畢業，分發到第11集團軍，不久擔任司令部的警衛排排長。徐沅甫年輕時讀了不少醫書，如《本草綱目》、《傷寒論》等，曾在現地採藥幫總司令黃杰和夫人治病，他博學多才又能幹，很受黃杰喜歡。

徐沅甫有位同學叫吳克航，在司令部做參謀，兩人都是黃杰的得力幹部。後來，吳克航自動請求到前線帶兵，黃杰讓他到第6軍預2師當連長。

一九四四年五、六月間，在收復騰衝、攻打松山之戰中，碰到日軍堅固的碉堡，久攻不下。徐沅甫給司令部獻計，將炸藥裝到竹筒內，再將竹筒伸入敵堡中引爆，黃杰讓他到第一線教士兵做竹筒炸彈。如此，在這次戰役中，取得重大勝利。

到了八月在進攻松山主峰(滇緬公路旁)時，我軍在日軍碉堡下挖兩條地道，埋入高爆炸藥。八月二十日上午九時，「轟！」的一聲，接著吳克航率部大喊：「弟兄們衝啊！」吳克航親手殺了幾個鬼子。突然，一顆子彈打中他的頭部，他倒下去，陣亡了！

吳克航犧牲後，他母親寫信到部隊，黃杰讓徐沅甫模仿吳克航筆跡給他母親回信。之後，徐沅甫以吳克航之名和他母親通了好幾封信。

部隊回到昆明休整時，吳克航的母親回信說：「不打仗了，鬼子趕跑了，你歲數也不小了，回來成個家吧。」徐沅甫很緊張，思考著如何回信。當天，另一位犧牲的黃埔生楊新華的未婚妻也找到部隊，兩人是湖南大學同學，一直等著要完婚，等到的是天人永隔，她哭得呼天搶地。小日本鬼子！真是人間禍害。

正當徐沅甫為回信發愁時，軍長告訴徐沅甫，吳克航的母親來了，讓他去接待。徐沅甫心裡七上八下去見這位母親，她先開口說：「謝謝你給我寫了那麼多信……收到你的第一封信，我就知道我的兒子已不在人世了……」說著說著，眼淚直流。接著她說：「我兒子在戰場上表現很優秀，值得我自豪……」

徐沅甫看到這裡，也傷心不已。情不自禁，當即跪下說：「以後我就是您的兒子。」警衛排幾十個戰士突然也跪下，跪成一片齊聲說：「我們都是您的好兒子。」這位母親非常感動，一個個把大家扶起，邊扶邊說：「我有這麼多的好兒子。」

徐沅甫十六歲悄悄離家去抗日，這一走就是二十三年，父母以為他不在人世了。徐沅甫終於回家了，母親卻在前一年走了，讓他非常傷心。

徐沅甫六十二歲那年，鄰村一個丈夫過逝帶三個兒子的婦人要嫁給他，一口答應下來。他自嘲：「姜子牙72歲才結婚，我比他早10年不錯了。」他並答應：「她的兒子就是我的兒子，我會幫他們成家立業。」

婚後，徐沅甫拼命工作，百分百實踐了他的承諾。但兒子們從未叫他一聲「爸爸」，他多少有些失落。直到小兒子結婚後第一個春節，三個兒子媳婦都回來看兩老，晚餐時，兒媳一起舉杯敬徐沅甫，並齊聲喊「爸爸」。徐老愣住了，這是他第一次聽到孩子們叫他爸爸。兒媳繼續說：「爸爸，您待我們恩重如山，以後您就是我們的親爸爸。」這位戰場上的老兵流下了熱淚，端起酒杯，一仰脖子，把孩子們的真情，倒進心裡！

參、肖春華在朝鮮戰場上的那些年

肖春華（一九二八－）
原籍：廣東興寧
黃埔23期

丁幂、肖俊廉在〈在朝鮮戰場上的那些年〉一文，大概訪談時，主角肖春華已九十多歲，難以詳述抗美援朝往事。幸好肖春華的小兒子肖俊廉往昔聽父親講述，在小兒子引導下，老先生記憶又鮮活。

肖春華，一九二八年四月廿九日，出生在廣東興寧。一九四八年，隨表哥考入黃埔23期2總隊步科，後隨軍起義，編入解放軍60軍一七九師五三六團。一九五一年，隨60軍開赴朝鮮，參加第五次戰役。

當年成都黃埔軍校起義後，被改編成解放軍西南軍事政治學校川西分校第1期（原黃埔23期大多在）。含肖春華在內有九個同學分發到五三六團，全上了朝鮮戰場，只有肖春華一人活著回國。

第五次戰役後，60軍移駐谷山地區休整。一九五二年十二月，肖春華調任教導團10隊區隊長，一九五三年60軍才撤回國。同年，肖春華調一八〇師後勤處任軍事教導員，榮獲三等功。

肆、袁憲音紀念父親袁第銳逝世十三週年

袁第鋭（一九二三—二〇一〇）

原籍：四川永川（今屬重慶市永川區）

黃埔軍校戰幹1團5期

袁第鋭，一九二三年二月四日，出生在四川省永川縣。字詠川，別號恬園主人，政治大學畢業後，再考入黃埔軍校戰幹1團5期。

曾任軍委會政治部上尉科員、中宣部幹部、重慶《民生報》記者，甘肅省政府秘書、編譯室、法制室主任，臨澤縣縣長。

新中國成立後，先後任西北人民革命大學蘭州分校教員、甘肅省商業廳幹部學校政治教員、甘肅省政協文史專員，甘肅省政協第五、六、七屆委員，第五、七屆常委等職。

另外，袁第鋭還擔任中華詩詞學會理事、常務理事、副會長，甘肅省詩詞學會秘書長、副會長、會長，甘肅省文史研究館館員，《甘肅詩詞》主編等。

據袁憲音所述，一九六八年，袁第鋭被造反派送回永川縣「勞改」。當時袁憲音才2歲，有個哥哥4歲，一家四口人過了十年的勞改苦日子，直到一九七八年才全家回到蘭州過正常生活。

回到蘭州已50多歲的袁第銳，他加緊學習、讀書、寫作。一九八一年，他奉省政協主席楊植霖之命，籌建蘭州詩詞學會並任秘書長。一九八七年，蘭州詩詞學會改甘肅省詩詞學會，他任副會長兼秘書長，一九九三年再被選為會長。後又擔任中華詩詞學會常務理事、副會長等，帶領社員走遍祖國的大江南北，留下數千首詩。

袁第銳於二〇一〇年四月廿八日撒手西歸，留給女兒袁憲音無限懷念。她以〈懷念父親〉一詩，送給敬愛的父親，願他在天堂裡安康：

春風十載拂輕塵，飲泣碑前念至親。
蛇口氤氳思舊事，恬園繾綣憶離人。
才高自是勤修學，筆健由來貴務真。
育李栽桃留厚德，精神遺世勵同仁。

袁第銳別號「恬園主人」，一九九二年，他參加「著名詩人訪問團」，訪問廣州、深圳、珠海。以口占「泯卻零丁千古淚、要從蛇口看中華」名句，被蛇口、深圳、廣州、香港各報競相刊載。

伍、嚴希〈我的父親嚴育蕊〉

嚴育蕊（一九三〇—二〇二二）

原籍：湖南漣源

黃埔23期

人生無常，是我近年感受最深刻的事，今年（二〇二三）就有六件，某老友幾週前才一起餐敘，突然傳來人走了，讓人很感傷。而且離世者，不一定八九十的老人，有六七十的初老，也突然走了！實在無常！

如嚴希在〈我的父親嚴育蕊〉一文，開頭就說，二〇二二年四月十日晚與父親通話時，他還在電話那頭說：「好著呢，不要擔心！」可第二天就接到父親離世的噩耗！

嚴育蕊，一九三〇年四月，出生在湖南湘中一個叫峽山灣的小山村。中學畢業後，考入黃埔23期，一九四九年隨軍起義。一九五三年三月，轉業到甘肅省地礦局系統工作，直到一九八八年五月退休。

按嚴希所述，他父親那幾十年裡，一直在野外「找礦」，每年和家人相聚不到三個月。在地礦局工作找礦，大約就是探測地下的礦產，何處有金、銀或石油等，有些類似科學家的工作。

嚴育蕊退休後，成為甘肅省黃埔軍校同學會會員，與同學會有交流有付出，同學會的領導常來看嚴育蕊。嚴希深感作為黃埔二代，要把黃埔人的愛國精神，好好傳承下去，這是對父親最好的告慰。

陸、田久汝〈懷著國仇家恨報考軍校〉

田久汝

原籍：湖南鳳凰（在長沙出生）

黃埔23期

這是一篇田久汝的自述，沒有提到哪一年生。但正常判斷，黃埔23期一九四九年畢業，到二〇二三年發表文章仍健在，至少是九十歲以上了，可敬可賀！

田老文章開頭說鳳凰人有從軍的基因，是幹軍人的料子。他舉出歷史上有「無湘不成軍」「無竿不成湘」的論證，「鎮竿」通常指代鳳凰，自明嘉靖三十三年（一五五四年）起，就一直叫鎮竿城。因為湘軍中的攻堅部隊是以鳳凰人為骨幹，鄉人以從軍戰場立功為榮。田老認為，他體內流著從軍的基因。

一九四八年八月，他高中畢業後，考入黃埔23期，他聽說輜重科就是負責運輸的汽車兵，沒什麼前途，步兵才是軍中主力，發展大，他選擇了步兵科。

一九四九年底，一畢業就不得不隨軍起義，被編入解放軍西南軍政大學川西分校（原成都黃埔軍校）學習。後來參加了抗美援朝之戰，也算完成軍人的使命。

田老的自述最後說，身為黃埔人，雖已耄耋之人，仍要發揚黃埔精神，反對台獨，為祖國統一而努力。可敬可賀啊！田老，祝福他長命百歲！親眼看到兩岸統一！

陳福成著作全編總目

2015 年 9 月後新著

編號	書　　　名	出版社	出版時間	定價	字數(萬)	內容性質
81	一隻菜鳥的學佛初認識	文史哲	2015.09	460	12	學佛心得
82	海青青的天空	文史哲	2015.09	250	6	現代詩評
83	為播詩種與莊雲惠詩作初探	文史哲	2015.11	280	5	童詩、現代詩評
84	世界洪門歷史文化協會論壇	文史哲	2016.01	280	6	洪門活動紀錄
85	三搞統一：解剖共產黨、國民黨、民進黨怎樣搞統一	文史哲	2016.03	420	13	政治、統一
86	緣來艱辛非尋常－賞讀范揚松仿古體詩稿	文史哲	2016.04	400	9	詩、文學
87	大兵法家范蠡研究－商聖財神陶朱公傳奇	文史哲	2016.06	280	8	范蠡研究
88	典藏斷滅的文明：最後一代書寫身影的告別紀念	文史哲	2016.08	450	8	各種手稿
89	葉莎現代詩研究欣賞：靈山一朵花的美感	文史哲	2016.08	220	6	現代詩評
90	臺灣大學退休人員聯誼會第十屆理事長實記暨 2015～2016 重要事件簿	文史哲	2016.04	400	8	日記
91	我與當代中國大學圖書館的因緣	文史哲	2017.04	300	5	紀念狀
92	廣西參訪遊記（編著）	文史哲	2016.10	300	6	詩、遊記
93	中國鄉土詩人金土作品研究	文史哲	2017.12	420	11	文學研究
94	暇豫翻翻《揚子江》詩刊：蟾蜍山麓讀書瑣記	文史哲	2018.02	320	7	文學研究
95	我讀上海《海上詩刊》：中國歷史園林豫園詩話瑣記	文史哲	2018.03	320	6	文學研究
96	天帝教第二人間使命：上帝加持中國統一之努力	文史哲	2018.03	460	13	宗教
97	范蠡致富研究與學習：商聖財神之實務與操作	文史哲	2018.06	280	8	文學研究
98	光陰簡史：我的影像回憶錄現代詩集	文史哲	2018.07	360	6	詩、文學
99	光陰考古學：失落圖像考古現代詩集	文史哲	2018.08	460	7	詩、文學
100	鄭雅文現代詩之佛法衍繹	文史哲	2018.08	240	6	文學研究
101	林錫嘉現代詩賞析	文史哲	2018.08	420	10	文學研究
102	現代田園詩人許其正作品研析	文史哲	2018.08	520	12	文學研究
103	莫渝現代詩賞析	文史哲	2018.08	320	7	文學研究
104	陳寧貴現代詩研究	文史哲	2018.08	380	9	文學研究
105	曾美霞現代詩研析	文史哲	2018.08	360	7	文學研究
106	劉正偉現代詩賞析	文史哲	2018.08	400	9	文學研究
107	陳福成著作述評：他的寫作人生	文史哲	2018.08	420	9	文學研究
108	舉起文化使命的火把：彭正雄出版及交流一甲子	文史哲	2018.08	480	9	文學研究

109	我讀北京《黃埔》雜誌的筆記	文史哲	2018.10	400	9	黃埔歷史
110	北京天津廊坊参訪紀實	文史哲	2019.12	420	8	遊記
111	觀自在綠蒂詩話：無住生詩的漂泊詩人	文史哲	2019.12	420	14	文學研究
112	中國詩歌墾拓者海青青：《牡丹園》和《中原歌壇》	文史哲	2020.06	580	6	詩、文學
113	走過這一世的證據：影像回顧現代詩集	文史哲	2020.06	580	6	詩、文學
114	這一是我們同路的證據：影像回顧現代詩題集	文史哲	2020.06	540	6	詩、文學
115	感動世界：感動三界故事詩集	文史哲	2020.06	360	4	詩、文學
116	印加最後的獨白：蟾蜍山萬盛草齋詩稿	文史哲	2020.06	400	5	詩、文學
117	台大遺境：失落圖像現代詩題集	文史哲	2020.09	580	6	詩、文學
118	中國鄉土詩人金土作品研究反響選集	文史哲	2020.10	360	4	詩、文學
119	夢幻泡影：金剛人生現代詩經	文史哲	2020.11	580	6	詩、文學
120	范蠡完勝三十六計：智謀之理論與全方位實務操作	文史哲	2020.11	880	39	戰略研究
121	我與當代中國大學圖書館的因緣（三）	文史哲	2021.01	580	6	詩、文學
122	這一世我們乘佛法行過神州大地：生身中國人的難得與光榮史詩	文史哲	2021.03	580	6	詩、文學
123	地瓜最後的獨白：陳福成長詩集	文史哲	2021.05	240	3	詩、文學
124	甘薯史記：陳福成超時空傳奇長詩劇	文史哲	2021.07	320	3	詩、文學
125	芋頭史記：陳福成科幻歷史傳奇長詩劇	文史哲	2021.08	350	3	詩、文學
126	這一世只做好一件事：為中華民族留下一筆文化公共財	文史哲	2021.09	380	6	人生記事
127	龍族魂：陳福成籲天錄詩集	文史哲	2021.09	380	6	詩、文學
128	歷史與真相	文史哲	2021.09	320	6	歷史反省
129	蔣毛最後的邂逅：陳福成中方夜譚春秋	文史哲	2021.10	300	6	科幻小說
130	大航海家鄭和：人類史上最早的慈航圖證	文史哲	2021.10	300	5	歷史
131	欣賞亞媺現代詩：懷念丁潁中國心	文史哲	2021.11	440	5	詩、文學
132	向明等八家詩讀後：被《食餘飲後集》電到	文史哲	2021.11	420	7	詩、文學
133	陳福成二〇二一年短詩集：躲進蓮藕孔洞內乘涼	文史哲	2021.12	380	3	詩、文學
134	中國新詩百年名家作品欣賞	文史哲	2022.01	460	8	新詩欣賞
135	流浪在神州邊陲的詩魂：台灣新詩人詩刊詩社	文史哲	2022.02	420	6	新詩欣賞
136	漂泊在神州邊陲的詩魂：台灣新詩人詩刊詩社	文史哲	2022.04	460	8	新詩欣賞
137	陸官 44 期福心會：暨一些黃埔情緣記事	文史哲	2022.05	320	4	人生記事
138	我躲進蓮藕孔洞內乘涼--2021 到 2022 的心情詩集	文史哲	2022.05	340	2	詩、文學
139	陳福成 70 自編年表：所見所做所寫事件簿	文史哲	2022.05	400	8	傳記
140	我的祖國行腳詩鈔：陳福成 70 歲紀念詩集	文史哲	2022.05	380	3	新詩欣賞

141	日本將不復存在：天譴一個民族	文史哲	2022.06	240	4	歷史研究
142	一個中國平民詩人的天命：王學忠詩的社會關懷	文史哲	2022.07	280	4	新詩欣賞
143	武經七書新註：中國文明文化富國強兵精要	文史哲	2022.08	540	16	兵書新注
144	明朗健康中國：台客現代詩賞析	文史哲	2022.09	440	8	新詩欣賞
145	進出一本改變你腦袋的詩集：許其正《一定》釋放核能量	文史哲	2022.09	300	4	新詩欣賞
146	進出吳明興的詩：找尋一個居士的圓融嘉境	文史哲	2022.10	280	5	新詩欣賞
147	進出方飛白的詩與畫：阿拉伯風韻與愛情	文史哲	2022.10	440	7	新詩欣賞
148	孫臏兵法註：山東臨沂銀雀山漢墓竹簡	文史哲	2022.12	280	4	兵書新注
149	鬼谷子新註	文史哲	2022.12	300	6	兵書新注
150	諸葛亮兵法新註	文史哲	2023.02	400	7	兵書新注
151	中國藏頭詩(一)：范揚松講學行旅詩欣賞	文史哲	2023.03	280	5	新詩欣賞
152	中國藏頭詩(二)：范揚松春秋大義詩欣賞	文史哲	2023.03	280	5	新詩欣賞
153	華文現代詩三百家	文史哲	2023.06	480	7	新詩欣賞
154	晶英客棧：陳福成詩科幻實驗小說	文史哲	2023.07	240	2	新詩欣賞
155	廣州黃埔到鳳山黃埔：44 期畢業 50 週年暨黃埔建校建軍百年紀念	文史哲	2023.08	340	5	歷史研究
156	神州邊陲荒蕪之島：陳福成科幻生活相片詩集	文史哲	2023.10	500	2	新詩欣賞
157	在北京《黃埔》雜誌反思	文史哲	2024.01	320	5	黃埔歷史
158	在北京《黃埔》雜誌回顧－陸官 44 期畢業 50 週年紀念	文史哲	2024.01	320	6	黃埔歷史
159	黃埔人的春秋大業：北京《黃埔》雜誌展鴻圖	文史哲	2024.03	320	6	黃埔歷史

陳福成國防通識課程著編及其他作品

（各級學校教科書及其他）

編號	書　　名	出版社	教育部審定
1	國家安全概論（大學院校用）	幼　獅	民國 86 年
2	國家安全概述（高中職、專科用）	幼　獅	民國 86 年
3	國家安全概論（台灣大學專用書）	台　大	（臺大不送審）
4	軍事研究（大專院校用）（註一）	全　華	民國 95 年
5	國防通識（第一冊、高中學生用）（註二）	龍　騰	民國 94 年課程要綱
6	國防通識（第二冊、高中學生用）	龍　騰	同
7	國防通識（第三冊、高中學生用）	龍　騰	同
8	國防通識（第四冊、高中學生用）	龍　騰	同
9	國防通識（第一冊、教師專用）	龍　騰	同
10	國防通識（第二冊、教師專用）	龍　騰	同
11	國防通識（第三冊、教師專用）	龍　騰	同
12	國防通識（第四冊、教師專用）	龍　騰	同

註一　羅慶生、許競任、廖德智、秦昱華、陳福成合著，《軍事戰史》（臺北：全華圖書股份有限公司，二〇〇八年）。

註二　《國防通識》，學生課本四冊，教師專用四冊。由陳福成、李文師、李景素、頊臺民、陳國慶合著，陳福成也負責擔任主編。八冊全由龍騰文化事業股份有限公司出版。